PRÉCIS HISTORIQUE

SUR

LA NEUTRALITÉ ARMÉE.

MÉMOIRE,

OU

PRÉCIS HISTORIQUE

SUR

LA NEUTRALITÉ ARMÉE

ET SON ORIGINE,

SUIVI DE PIÈCES JUSTIFICATIVES,

PAR

Mᴿ. ʟᴇ COMTE ᴅᴇ GOERTZ,

ministre d'état de S. M. Prussienne, et son ministre
à la diète de l'empire.

A BASLE,

chez J. Dᴇᴄᴋᴇʀ, Imprimeur - libraire.
1801.

LETTRE

J'ACQUIESCE volontiers, Monsieur, à ce que vous mettiez mon nom à la nouvelle édition que vous vous proposez de faire du *Mémoire ou précis historique sur la neutralité armée et son origine,* dont il a paru en 1795 une édition bien mal soignée. Par vos soins, cette brochure aura l'avantage de paroître sous une forme moins désagréable à ceux qui voudront se donner la peine de la lire. Elle avoit paru pour la première fois à mon insçu en anglais, sous le titre: *The secret history of the armed neutrality, written originally in french, by a German nobleman. London* 1792. M'étant trouvé à St. Pétersbourg, comme miniſtre de Frédéric II, dans le tems où cette neutralité armée maritime pour la liberté des mers et la sûreté du commerce fut établie, je puis garantir la vérité des faits historiques contenus dans ce mémoire. Les circonstances actuelles peuvent encore lui donner quelque intérêt. En consignant ces faits, mon but a été de rendre hommage à la vérité, et personnellement celui de mon respect et de mon dévouement à un des ministres les plus respectables, Mr. le comte NIKITA DE PANIN, qui a été près de vingt années principal ministre de l'empire de Russie, et avec lequel j'ai eu l'avantage, pendant ma mission en Russie, de me trouver dans des relations officielles, qui m'ont mis à même de connoître les vertus et les grandes qualités de ce ministre.

Ratisbonne, ce 26 mai 1801.

LE COMTE DE GOERTZ.

MÉMOIRE,

OU

PRÉCIS HISTORIQUE

sur la neutralité armée et son origine.

La neutralité armée forme une époque aussi intéressante dans l'histoire que dans la politique.

Personne n'ignore que ce système, adopté par les cours du Nord et par plusieurs autres grandes puissances de l'Europe, eut pour bases et pour résultats les différens actes, les différentes conventions qu'elles passèrent ou conclurent entre elles pour maintenir la liberté de la navigation et celle du commerce des puissances neutres, pendant la guerre que l'Angleterre avoit à soutenir à la fois contre ses colonies d'Amérique, la France, l'Espagne et la Hollande.

Mais quelle a été l'origine de la neutralité armée? Quelles sont les circonstances qui

ont donné naissance à un système contraire
aux vues et aux intérêts de la cour de Londres? A qui enfin doit-on en attribuer le
plan et la première idée? Voilà ce qu'il est
d'autant plus intéressant de connoître et d'ap-
profondir, qu'il paroît que jusqu'à présent
le public, et même la plupart des cabinets
de l'Europe, n'ont eu et n'ont encore à cet
égard que des notions vagues et des ren-
seignemens peu fidèles.

L'opinion la plus répandue dans le tems,
celle à laquelle on paroît encore se réunir
le plus généralement, c'est que *Frédéric* le
grand avoit le premier conçu l'idée de la
neutralité armée, en avoit rédigé le plan, et
l'avoit fait adopter à la Russie. On fondoit
cette opinion: 1°. Sur la persuasion bien
gratuite où l'on étoit, que le comte Panin,
alors à la tête du ministère à Pétersbourg,
étoit entièrement dévoué aux intérêts de la
Prusse [1]; 2°. Sur l'empressement que l'on

---

[1] C'étoit l'opinion qu'on avoit de ce ministre dans
presque toutes les cours de l'Europe, et il ne seroit
peut-être pas impossible que l'impératrice de Russie

(9)

supposoit à S. M. Prussienne de saisir une
occasion de se venger de la cour de Londres, à laquelle on imaginoit qu'elle ne pouvoit pardonner de l'avoir abandonnée en 1762,
en faisant sa paix particulière avec la France :
on ne se donnoit seulement pas la peine de
réfléchir qu'un pareil motif n'étoit pas moins
au-dessous de la politique de ce grand roi,

elle-même eût partagé cette erreur ; mais on peut affir-
mer que le comte Panin avoit ses propres idées et ses
principes à lui : il y tenoit même infiniment ; et loin
d'être dirigé par les impulsions du cabinet de Berlin,
lui-même aimoit souvent à croire qu'il avoit quelque influence sur l'esprit de Frédéric le grand : il se livroit
d'autant plus volontiers à cette illusion, qu'elle ne pouvoit
que flatter son amour-propre. Au surplus le ministère
du comte Panin a été une des époques les plus bril-
lantes de la Russie : ce fut au moment où il y prit le
timon des affaires que fut conclue l'alliance entre la
cour de Berlin et celle de Pétersbourg ; et outre qu'il
regardoit avec raison cette alliance comme très-
avantageuse pour la Russie, il étoit personnellement
attaché à la maintenir, puisqu'il la regardoit comme
son ouvrage. On peut observer, comme une circonstance
assez singulière, que le dernier acte ministériel qu'ait
exercé le comte Panin fut encore de signer la convention et l'accession de la Prusse à la neutralité
armée, le $\frac{27 \text{ avril}}{8 \text{ mai}}$ 1781.

qu'éloigné de la noblesse et de l'élévation d'ame qui l'ont toujours caractérisé. Mais Frédéric, à cette époque, avoit porté au plus haut degré sa gloire; son génie paroissoit être à l'Europe étonnée le premier mobile de tous les événemens, et l'admiration universelle qu'il avoit si bien méritée, contribua, peut-être plus que tout, à propager l'opinion dont on va démontrer l'erreur.

On a tout lieu de croire qu'elle fut répandue et accréditée, même à la cour de Londres, par M. le chevalier Harris (aujourd'hui lord Malmesbury), qui étoit alors ministre d'Angleterre à Pétersbourg, soit que lui-même partageât de bonne foi cette opinion, soit plutôt que, cherchant alors à détacher la Russie de la Prusse, et à la porter à une alliance avec la cour de Vienne, à laquelle l'Angleterre espéroit pou oir se joindre, il crût utile au succès de ses vues de fomenter une opinion qui ne pouvoit qu'indisposer l'impératrice contre la cour de Berlin, puisqu'elle attribuoit à cette dernière, et enlevoit à l'impératrice et à son ministère la gloire d'avoir conçu le projet d'un système aussi conforme à la dignité des puissances neutres, qu'avantageux à la liberté et aux intérêts du commerce de leurs sujets respectifs. Quoiqu'il en soit, cette opinion s'établit tellement alors en Angleterre, qu'elle y existoit encore dans toute sa force il n'y a pas long-tems, puisqu'au mois d'avril 1791, dans un des débats parlementaires à l'occasion des armemens de l'Angleterre, pour obtenir de la Russie une paix avec les Turcs sur le pied du *statu quo strict*, M. Fox, un des membres du parti de l'opposition, nomma Frédéric II, comme celui qui avoit suggéré à la Russie la première idée de la neutralité armée.

C'est donc pour ne pas laisser perpétuer cette erreur historique et politique, qu'on croit rendre un service au public, en lui mettant sous les yeux plusieurs actes ou pièces intéressantes relatifs à cette neutralité armée, et en y joignant les notions que l'auteur du présent mémoire a recueillies sur l'origine et la véritable marche des négociations dont elle a été le motif ou la suite. On peut ajouter qu'il mérite d'autant plus de confiance, qu'il a eu souvent l'occasion de s'entretenir à fond sur cet objet avec un homme aussi véridique que digne de foi, qui se trouvoit à Pétersbourg à cette époque, et qui, autant par sa position que par son caractère, étoit peut-être plus que personne à portée de connoître les ressorts secrets de cette opération politique, et la véritable marche de la négociation à laquelle elle a donné lieu. Cette négociation porte un caractère particulier de singularité, qui ne peut en rendre le développement que plus intéressant: il pourra prouver à tout négociateur que, s'il est souvent dangereux de se trop fier à la force de son génie, au sentiment de sa propre supériorité, et de croire maîtriser les événemens en s'abandonnant à l'intrigue et à des moyens violens pour parvenir à son but, il ne l'est pas moins de se laisser aller trop facilement aux apparences, et de vouloir heurter de front ou même secouer les formes établies dans une

cour. Enfin, le simple récit des faits suf-
fira pour démontrer combien il est difficile,
même au négociateur le plus habile et le
plus actif, tel que s'est montré alors à Pétersbourg, depuis en Hollande, M. le chevalier Harris ; combien, dis-je, il lui est
difficile de lutter avec succès contre le ministère d'une cour, lors même que celui qui
en dirige les opérations, et qui pour ainsi
dire en est l'ame, paroît déjà être, ou même
est déjà au déclin de son crédit. Telle étoit
précisément la situation où se trouvoit le
comte Panin, quand le chevalier Harris
arriva à Pétersbourg ; mais la diminution
de faveur et d'influence du ministre Russe
n'empêcha pas, comme nous allons voir,
qu'il n'eût assez de prépondérance dans les
affaires pour rompre tous les projets, toutes
les mesures du chevalier Harris, et pour
lui porter le coup le plus sensible, en le
faisant échouer au moment même où il se
croyoit le plus assuré de leur succès. Mais
avant d'entrer dans ces détails, il faut dire en
peu de mots quelle étoit alors la situation

de l'Angleterre, et le but de la négociation dont le chevalier Harris étoit chargé.

La cour de Londres ayant, après la paix de Versailles en 1762, renoncé à toutes liaisons avec les puissances du continent, se trouvoit sans aucun allié, au moment de la guerre qu'elle avoit à soutenir à la fois contre ses colonies et contre la France et l'Espagne, qui avoient reconnu leur indépendance. Le danger d'une pareille position fit bientôt sentir à l'Angleterre la nécessité de renoncer à un système qui la laissoit absolument isolée et abandonnée à ses propres forces. Elle jeta donc les yeux sur les cours de Vienne et de Pétersbourg, comme sur celles dont l'alliance pouvoit lui être la plus utile: mais pour parvenir à conclure cette alliance, il falloit avant tout rompre celles qui existoient entre l'Autriche et la France, et entre la Russie et la Prusse; et ce fut sur les soins et les talens politiques du chevalier Harris que l'Angleterre s'en reposa pour ce dernier objet. Rompre des liens qui existoient depuis dix-sept ans entre les cours de Berlin et de Petersbourg, rapprocher cette dernière de la cour de Vienne, la lier même avec elle, conclure enfin une alliance entre la Russie et la Grande-Bretagne, au moment même où cette dernière se trouvoit engagée dans une guerre contre ses colonies et la maison de Bourbon, c'étoit sans doute une tâche aussi importante que difficile à remplir : elle exigeoit tout le génie, toute l'activité, toute l'adresse d'un négociateur tel que M. Harris; peut-être même falloit-il quelqu'un qui ne se bornât pas à des moyens ordinaires, et qui se décidât à employer indistinctement tous ceux qui pouvoient être utiles à ses vues.

A peine arrivé à Pétersbourg, et probablement même dès ses premiers entretiens avec le comte Panin, le chevalier Harris dut s'apercevoir aisément combien les principes et les sentimens personnels de ce premier ministre étoient opposés aux vues de l'Angleterre. Le comte Panin, comme on l'a déjà dit, tenoit à l'alliance de la Russie avec la Prusse, autant par la conviction intime des avantages que cette alliance assuroit à la

Russie, que par sa prédilection bien naturelle pour un système qu'il regardoit comme son ouvrage : l'habitude l'avoit fait vieillir pendant dix-sept ans dans cette opinion. Enfin doué d'un esprit calme, conciliant, et d'une douceur de caractère, qui avec l'âge avoit même dégénéré en une sorte de lenteur et d'indolence que ses rivaux et ses ennemis n'ont que trop exagérées, son amour pour la paix le mettoit nécessairement en garde contre tout changement, toute innovation politique qui pouvoit y porter atteinte. Le comte Panin étoit d'ailleurs trop éclairé sur les véritables intérêts de sa patrie, pour ne pas sentir le danger auquel s'exposeroit la Russie, si, au moment où elle étoit encore épuisée par la guerre qu'elle avoit eu à soutenir contre la Porte, elle contractoit avec l'Angleterre une alliance, dont l'effet inévitable seroit de l'entraîner dans une nouvelle guerre, d'autant plus onéreuse pour la Russie, que la cause même de cette guerre lui étoit absolument étrangère, et que le théâtre en étoit plus éloigné. Tous les motifs de

convenance,

convenance, d'intérêt et de politique, se trouvoient donc réunis pour détourner la Russie
d'écouter les propositions de l'Angleterre, du
moins pour l'engager à en renvoyer la discussion à l'époque où cette puissance auroit
terminé la guerre désastreuse, dans laquelle
elle se trouvoit engagée. Le chevalier Harris
ne put se dissimuler que des réflexions si
simples, et en même tems si justes, n'avoient
pu échapper à un homme aussi sage , aussi
consommé dans les affaires que le comte
Panin, ni combien elles acquerroient encore
de force, étant présentées par un ministre
intéressé sous tous les rapports à en démontrer l'évidence; mais ce qui auroit peut-
être suffi pour décourager tout autre négociateur, ne fit qu'animer le zèle du chevalier
Harris: il sentit toute la force des obstacles
qu'il avoit à combattre; il ne désespéra pas
de les vaincre, et, comme on va le voir, il
put se flatter un moment d'en avoir trouvé
les moyens.

Nous avons déjà dit que, quoiqu'il conser-
vât toujours le titre de premier ministre, et

parût être à la tête de toutes les affaires, le
comte Panin n'y avoit plus, à beaucoup près,
la même influence qu'autrefois : la faveur, la
confiance entière dont l'impératrice lui avoit
donné tant de preuves, étoient sensiblement
diminuées; c'étoit, si l'on peut se servir de
cette comparaison, un astre qui penchoit
visiblement vers son déclin ; mais il étoit
encore sur l'horizon, et ceux même qui
désiroient le plus de l'en voir disparoître,
croyoient avoir encore besoin de sa lumière.
Ce dernier calcul fut peut-être le seul qui
échappa au chevalier Harris : il ne se trompa
pas dans tous les autres, et sa sagacité lui
fit bientôt découvrir les bases sur lesquelles
il pouvoit fonder ses espérances. Il ne lui
avoit pas été difficile de pénétrer que l'impératrice ne tenoit plus, par les liens de
l'amitié personnelle, ni au roi de Prusse,
ni à son alliance avec lui, et qu'uniquement
occupée du grand projet de rétablir l'empire
grec, en plaçant le grand-duc Constantin
sur le trône de Constantinople, cette vaste
idée absorboit à un tel point toute son atten-

tion, toutes ses vues politiques, que tout y étoit subordonné. Plus ce projet de Catherine II paroissoit gigantesque et même chimérique, plus le chevalier Harris crut qu'en faisant entendre à l'impératrice que l'Angleterre n'en regardoit pas à beaucoup près l'exécution comme impossible, et pourroit même se prêter à concourir à son succès, il n'en faudroit pas davantage pour la décider à conclure avec cette puissance l'alliance qu'il étoit chargé de négocier. Il étoit assuré d'ailleurs que toutes les insinuations, toutes les démarches qu'il pourroit faire à cet égard, seroient vivement et fortement appuyées par le prince Potemkin, qui jouissoit alors près de l'impératrice de tout le crédit que peut donner la faveur la plus illimitée, et qui, soit qu'il fût l'auteur du projet en question, soit qu'il entrevît dans son succès la permanence de son pouvoir, ou la perspective d'une indépendance future qui le mettroit à l'abri de tous les événemens, ne cessoit de diriger toutes les vues de l'impératrice sur un objet si propre à flatter l'ambition de cette souveraine , et surtout son amour pour la gloire.

Aussi certain des sentimens personnels et des dispositions de Catherine II que de l'appui qu'il trouveroit dans le prince Potemkin, le chevalier Harris, qui s'étoit également convaincu et du peu d'influence qui restoit encore au comte Panin, et de l'opposition bien décidée que ce ministre mettroit au succès de sa négociation , devoit-il, pouvoit-il même hésiter sur le parti qu'il avoit à prendre en de telles conjonctures? Il avoit tout à espérer en traitant directement avec l'impératrice et avec un favori qui paroissoit tout-puissant; il n'avoit rien à attendre d'un ministère dont le chef, eût-il été aussi favorable à ses vues qu'il y étoit contraire , n'auroit probablement pas eu le crédit de les faire adopter : ainsi tous les calculs de la prudence humaine et de la politique sembloient ne pas permettre au ministre anglais d'hésiter un seul instant sur le choix de la route qu'il devoit suivre, et des moyens qu'il devoit employer. Ce fut cependant en adoptant la marche que la nature même des choses et des circonstances paroissoit si impérieusement lui prescrire, ce fut en la suivant avec toute l'activité de son caractère, toutes les ressources de son esprit, que le chevalier Harris se vit trompé dans toutes ses espérances, vit échouer sa négociation, manqua deux fois son but au moment où il se croyoit le plus sûr de l'atteindre, et ne recueillit pour prix de ses démarches que la triste certitude qu'elles avoient donné lieu à ce système de la *neutralité armée*, qui a autant flatté l'amour - propre de l'impératrice qu'il a été funeste aux intérêts de l'Angleterre, et qui aujourd'hui est encore une des principales causes de l'éloignement qui existe entre les cours de Londres et de Pétersbourg. Mais n'anticipons point sur la marche des événemens, et continuons de les développer.

Peu satisfait, comme on l'imagine bien, du succès de ses premières conférences ministérielles avec le comte Panin, le chevalier Harris, (du moins cela passa alors pour

constant) se ménagea et obtint dans l'été de
1779 deux audiences secrètes de l'impératrice, l'une à Péterhoff, l'autre à la maison de
campagne et dans le jardin d'une madame
de Narischkin. On crut savoir positivement
que dans cette dernière entrevue Catherine
II, après avoir témoigné au ministre britannique combien elle étoit disposée à
former une alliance avec l'Angleterre, avoit
fini par l'engager d'écrire à sa cour que, si
cette puissance ne se refusoit point, comme
elle avoit fait jusqu'à présent, à étendre
le *casus fœderis* avec la Russie contre la
Porte et sur les affaires d'Orient, alors l'impératrice désireroit qu'il fût autorisé à lui
faire la proposition formelle de l'alliance,
en y joignant l'offre d'une médiation armée
de la part de la Russie pour la guerre
actuelle de l'Angleterre avec les colonies,
la France et l'Espagne, que l'impératrice
ne balanceroit pas d'accepter. Une ouverture aussi directe, une déclaration aussi
positive, étoient trop favorables aux vues de
la cour de Londres, pour que le chevalier

Harris ne s'empressât pas de l'en instruire; et peu de tems après il reçut (du moins a-t-on les plus fortes raisons de n'en pas douter) l'ordre et les pleins-pouvoirs nécessaires pour entamer cette négociation.

Les pleins-pouvoirs reçus, l'impératrice et le prince Potemkin prévenus, l'importance et la nature d'une telle négociation ne permettoient pas d'en dérober la connoissance au ministère. Il fallut donc en parler au comte Panin, et ce fut alors que M. Harris put s'apercevoir, malgré la confiance que lui avoient inspiré les dispositions de l'impératrice et celles du prince Potemkin, que tant que le comte Panin resteroit en place, l'habitude qu'on avoit de ne pouvoir se passer de lui, le souvenir même des services qu'il avoit rendus, lui laisseroient toujours assez d'influence dans le conseil et sur les affaires, pour déjouer les mesures et les entreprises du plus adroit négociateur. On ne peut en donner une preuve plus évidente, qu'en mettant ici sous les yeux du lecteur la réponse ministérielle,

que le comte Panin sut se faire autoriser par
l'impératrice même à faire au mémoire
que le chevalier Harris avoit remis à ce premier ministre: on peut assurer que, si cette
pièce n'est pas exactement copiée mot à mot,
au moins le sens et les principales expres-
sions en sont fidèlement rapportés ; la
voici.

" La sincérité des sentimens d'amitié
„ de l'impératrice pour le roi et la nation
„ de la Grande-Bretagne, porte S. M. Im-
„ périale à recevoir toujours avec recon-
„ noissance toutes les ouvertures confiden-
„ tielles , qu'il plaît à S. M. le roi de lui
„ faire sur la situation de la guerre; mais
„ en même tems elle se sent fort peinée de
„ ne pas pouvoir concilier sa façon de pen-
„ ser et ses désirs sur l'accélération de la
„ paix, avec les ouvertures et les proposi-
„ tions que lui fait la cour de Londres.
„ L'impératrice aime la paix; elle désire
„ ardemment que la Grande-Bretagne en
„ jouisse le plutôt; cependant S. M. I. se
„ tient convaincue que les démarches que

„ la cour de Londres lui propose pour
„ l'accélérer, doivent à coup sûr produire
„ un effet entièrement contraire, vu qu'une
„ proposition de paix, ou une médiation
„ offerte sans aucune condition conci-
„ liante, mais au contraire appuyée de
„ démonstrations, produira nécessairement
„ un effet opposé aux sentimens de l'impéra-
„ trice pour le roi et sa nation, et ne sauroit
„ manquer de provoquer les ennemis de la
„ Grande-Bretagne à une extension indé-
„ terminée de la guerre, en y enveloppant
„ tout le continent de l'Europe. Quant
„ au traité d'alliance proposé, l'impératrice
„ se persuade qu'on ne pourra pas cacher
„ devant la justice et l'équité du roi, que
„ le tems de la conclusion d'une alliance
„ défensive n'est pas de la nature de l'état
„ d'une guerre effective, et surtout de la
„ guerre présente dont la cause a été de
„ tout tems exclue de l'alliance entre l'An-
„ gleterre et la Russie, comme n'appar-
„ tenant point à leurs possessions respec-
„ tives en Europe. Au reste, S. M. I. assure

„ le roi, de la manière la plus forte, qu'elle
„ persistera toujours dans les mêmes senti-
„ mens pour le roi et la nation britannique;
„ et si la cour de Londres peut trouver
„ quelques termes propres à établir les bases
„ d'une conciliation entre les puissances
„ belligérantes, afin de prévenir une plus
„ grande effusion de sang, et qu'elle juge
„ la participation de l'impératrice utile aux
„ intérêts de la Grande-Bretagne, S. M. I.
„ se prêtera avec le plus grand empresse-
„ ment à s'y employer, et elle y mettra tout
„ le zèle et toute l'intégrité d'une amie et
„ alliée naturelle de la cour et de la nation
„ britanniques.„

Si l'on veut bien se rappeler les espérances que l'impératrice avoit données au chevalier Harris, si l'on pense que c'étoit elle-même qui lui avoit fixé les bases sur lesquelles elle consentoit à entamer la négociation d'un traité d'alliance avec l'Angleterre, et qui enfin l'avoit engagé, autorisé même à les proposer à sa cour, on concevra facilement combien une réponse aussi vague, aussi dilatoire, aussi contraire en un mot à celle qu'il se croyoit en droit d'attendre, devoit atterrer le négociateur anglais. C'eût été sans doute l'effet qu'elle eût produit sur un ministre moins zélé, moins actif que lui ; mais un contre-tems aussi cruel ne put décourager le chevalier Harris, et il ne renonça même pas à ses espérances. On peut présumer que le prince Potemkin, et peut-être l'impératrice elle-même, cherchèrent à les ranimer, en lui faisant entrevoir que dans le nombre des événemens qu'occasionne fréquemment une guerre, il pourroit s'en présenter qui seroient de nature à faire naître des circonstances plus favorables au succès de sa négociation. Le ministre anglais se livra, ou du moins parut se livrer à cet espoir incertain ; mais on juge si un désagrément aussi sensible que celui qu'il venoit d'essuyer, lui inspira le plus vif ressentiment et contre le comte Panin et contre tous ceux qu'il regardoit comme étant du parti de ce ministre, et par conséquent attachés au système politique que l'Angleterre avoit tant d'intérêt à détruire.

Un événement peu important en lui-même, et du nombre de ceux qui n'arrivent que trop souvent dans une guerre maritime, amena l'occasion que l'impératrice sembloit avoir présagée au chevalier Harris, et qu'il attendoit avec tant d'impatience.

Deux bâtimens marchands russes, l'un d'Archangel, nommé *Concordia*, l'autre de Pétersbourg, nommé *Saint-Nicolas*, furent arrêtés dans leur route par les Espagnols dans la Méditerranée, et conduits à Cadix, où leurs cargaisons furent vendues.

L'impératrice fut d'autant plus vivement irritée d'une infraction aussi manifeste faite par l'Espagne à la liberté du commerce et de la navigation, que, se regardant elle-même comme la créatrice du commerce de son vaste empire, elle attachoit la plus grande importance à son extension, le plus grand prix aux avantages qui devoient en résulter, et que la liberté de la navigation pouvoit seule les assurer. Le chevalier Harris, parfaitement instruit des sentimens de Catherine II à cet égard, étoit trop adroit et trop éclairé, pour ne pas saisir une circonstance aussi favorable, qui lui offroit à la fois l'occasion et de renouer avec succès la négociation qui avoit été rompue, et de se venger en même tems de tous ceux qui l'avoient fait échouer : en ministre habile, il profita de tous ces avantages.

La première démarche de l'impératrice fut de faire remettre à M. de Normandès, (alors chargé des affaires de la cour d'Espagne à celle de Pétersbourg) deux notes ministérielles [1], que l'on peut regarder comme les premiers actes relatifs à la neutralité armée. Le comte Panin fut chargé de remettre lui-même ces deux notes à M. de Normandès, et ne s'y refusa pas, dans la persuasion qu'il ne s'agissoit que d'obtenir de l'Espagne, par la voie d'une négociation amicale, la satisfaction et la réparation quelconque que la cour de Russie étoit fondée à demander à celle de Madrid, pour l'arrestation illégale

---

[1] Voyez les pièces justificatives A et B, à la suite du présent mémoire.

des deux bâtimens. Mais le chevalier Harris
ne bornoit pas là ses vues, et joignant ses instances à celles du prince Potemkin, tous deux
de concert décidèrent l'impératrice à envoyer
(à l'insçu du ministre) l'ordre à l'amirauté de
Cronstadt d'y armer avec la plus grande
célérité, mais le plus secrètement qu'il seroit
possible, une flotte de quinze vaisseaux de
ligne et de six frégates, qui pût être en état
de mettre en mer au premier moment de
l'ouverture de la navigation. Le ministre anglais parvint même à obtenir de Catherine II
la promesse positive, que dans le cas où la
cour d'Espagne ne répondroit pas de la manière la plus précise et la plus satisfaisante
aux deux offices ministériels que l'on venoit
de lui faire transmettre, et dont on a parlé
ci-dessus, alors l'impératrice prendroit les
moyens de forcer l'Espagne à lui accorder
la satisfaction qu'elle avoit demandée, et que
l'escadre dont on préparoit l'armement, mettroit pour cet effet à la voile dès le commencement du printems.

Quelques précautions qu'on eût prises pour que cette résolution restât dans le plus profond secret, et surtout pour en dérober la connoissance au comte Panin, les mesures qu'exigeoit l'équipement de l'escadre à Cronstadt ne purent être long-tems ignorées, et ce ministre pénétra bientôt et le but de ces préparatifs hostiles, et qui en étoit le principal moteur. L'homme digne de foi, d'après les notions duquel on a, comme on l'a déjà dit, rédigé le présent mémoire, arriva précisément chez le comte Panin au moment où ce ministre, encore ému de la découverte qu'il venoit de faire d'un plan si contraire à ses vues, à son système pacifique, et sentant tous les dangers auxquels son exécution pouvoit exposer la Russie, étoit profondément occupé à chercher des moyens de conjurer ce nouvel orage. Il y étoit même personnellement intéressé, puisque le mystère qu'on lui avoit fait et de l'armement de la flotte et de sa destination, ne lui permettoit pas de douter que toute cette intrigue ne fût l'ouvrage de ses ennemis, et qu'ils ne fussent enfin parvenus à lui enlever même jusqu'à l'apparence de la confiance de l'impératrice.

Vivement agité par toutes ces réflexions, le comte Panin, au premier mot que lui dit le personnage en question des bruits qui commençoient déjà à se répandre dans le public des ordres donnés à Cronstadt, relativement à l'armement, lui répondit avec une vivacité qui ne lui étoit pas à beaucoup près ordinaire : *Monsieur, la chose est vraie ; mais il s'agit de parer le coup, et j'espère encore y parvenir.* Puis, après un instant de silence, il ajouta, en portant la main à son front, comme un homme fortement occupé : *Mes idées ne sont pas encore bien claires, il faut que je me donne le tems de les arranger : dans quelques jours je pourrai vous en dire davantage ; mais je me flatte que je parviendrai à faire tomber cet orage sur ceux-mêmes qui l'ont excité, et sur ceux qui, non contens de s'être perdus eux-mêmes,* (il entendoit par là le ministère anglais d'alors) *espèrent pouvoir se sauver,*

en

en mettant toute l'Europe en feu par leurs intrigues.

Le comte Panin avoit trop d'expérience, et connoissoit trop bien et sa position et le caractère de l'impératrice, pour ne pas sentir qu'il ne pouvoit heurter directement l'opinion et la volonté de sa souveraine. Il ne lui restoit donc qu'un seul parti à prendre, celui d'avoir l'air de partager tout son ressentiment contre l'Espagne, mais de lui proposer de le faire éclater en adoptant des mesures plus étendues, et en même tems plus propres à flatter la passion de Catherine II pour la gloire, et à lui faire jouer un plus grand rôle en Europe. Tels furent dans le moment le motif et l'occasion qui inspirèrent au comte Panin la première idée de la neutralité armée, et lui en firent rédiger le plan : il le présenta peu de jours après à l'impératrice, comme un système auquel elle auroit la gloire de donner l'existence, et qui, fondé sur les principes les plus sacrés du droit des gens, et ayant pour but le bien, l'intérêt général des puissances neutres, les rallieroit toutes à la Russie, rendroit Catherine II la législatrice des mers, comme elle se flattoit de l'être de son empire, assureroit à jamais au commerce de Russie tous les avantages qu'elle désiroit de lui procurer, et enfin donneroit à l'impératrice un moyen aussi puissant qu'infaillible de tirer une vengeance éclatante de l'Espagne, et de mettre pour jamais le pavillon russe à l'abri de toute insulte de la part de cette puissance et même de toute autre.

Un plan aussi vaste, et présenté sous un point de vue aussi séduisant, réunissoit trop tout ce qui pouvoit flatter les sentimens de l'impératrice, pour qu'elle pût hésiter à l'adopter. Qui sait même si ce n'étoit pas une jouissance secrète pour elle de voir le comte Panin paroître entrer aussi vivement dans une opinion si contraire à celles qu'il avoit jusqu'alors manifestées ? Quoiqu'il en soit, le ministre, en développant à Catherine II le système qu'il venoit de lui mettre sous les yeux, lui demanda de n'en parler à qui que ce fût au monde, pas même au chevalier Harris, et ne manqua point de raisons pour convaincre l'impératrice de la nécessité et de toute l'importance du secret absolu qu'il osoit exiger. Il lui fit aisément sentir que le nouveau système, auquel elle venoit de donner son approbation, humilioit trop une des cours de la maison de Bourbon pour ne pas satisfaire l'Angleterre, que cette puissance l'envisageroit comme d'autant plus favorable à ses intérêts, que toutes les puissances belligérantes seroient bien obligées d'y souscrire, et qu'enfin la démarche éclatante qu'alloit faire l'impératrice, portant de sa part l'empreinte de la neutralité et de l'impartialité la moins suspecte, le résultat devoit en être immanquablement d'assurer à la Russie l'honneur de la médiation pour la pacification future, honneur dont Catherine II avoit déjà joui à la paix de *Tefchen*, et dont il n'ignoroit pas qu'elle désiroit encore de jouir à la fin de la guerre entre l'Angleterre et la France. Muni du consentement de l'impératrice, et assuré du secret qu'elle lui avoit promis , le comte Panin lui fit agréer sur-le-champ le projet d'une première déclaration de la part de la Russie, adressée aux puissances belligérantes ; déclaration qui , en établissant les principes des neutres , tant sur la liberté du commerce que sur celle de la navigation, fut envoyée aussitôt par des couriers aux ministres de Russie à Londres , à Paris et à Madrid, avec ordre à chacun de ces mêmes ministres de la remettre au ministère des cours où ils résidoient, et de notifier en même tems que l'impératrice adoptoit et soutiendroit invariablement les principes énoncés dans cette déclaration [1]. Le même jour où ces trois couriers furent expédiés, le comte Panin, sortant en cette circonstance de sa lenteur et de son indolence habituelles, en dépêcha deux autres à *Stockholm* et à *Copenhague* , pour donner ordre aux ministres de Russie dans ces deux cours de leur communiquer la déclaration que

[1] Voyez les pièces justificatives, lettre C.

venoit de faire l'impératrice, et de les inviter en même tems de sa part à en faire de leur côté une absolument semblable aux puissances belligérantes. Mais pour donner encore plus de poids aux principes qui servoient de base à cette déclaration, les ministres russes avoient en outre ordre de proposer à la Suède et au Danemarck de se lier mutuellement avec la Russie, par une convention réciproque dans laquelle seroient établis de la manière la plus précise, et en même tems la plus solemnelle, les principes relatifs à la liberté de la navigation et du commerce des puissances neutres.

Telle fut l'origine de ce fameux système de la neutralité armée; telles furent les premières bases de toutes les négociations dont il fut l'objet, et des conventions qui en ont été le résultat. D'après cela, n'est-il pas démontré que ce système ne dut sa naissance qu'à la nécessité urgente où se trouva le comte Panin de contre-miner les projets, les démarches du chevalier Harris;

projets qui ne tendoient à rien moins qu'à plonger la Russie dans des embarras inextricables , en l'entraînant dans la guerre contre l'Amérique et les maisons de Bourbon. On peut ajouter que, sans une circonstance aussi pressante, aussi impérieuse, jamais la neutralité armée n'eût existé ; que jamais le comte Panin n'en eût même eu l'idée : mais cette idée enfin, ce fut lui seul qui la conçut, lui seul qui décida l'impératrice à la mettre en exécution ; et c'est un fait sur lequel, d'après tous les détails que l'on vient de faire, il seroit bien difficile qu'il pût rester encore le moindre doute. Poursuivons le récit de la négociation que nous venons de voir entamer.

Le secret que le comte Panin avoit demandé à l'impératrice, fut si scrupuleusement gardé, que tous les couriers étoient déjà partis, que le chevalier Harris ignoroit absolument les ordres dont ils étoient porteurs. Une anecdote même assez singulière, et dont on croit cependant pouvoir garantir la certitude, c'est que, deux ou trois jours avant le départ de ces couriers, l'impératrice, persuadée de bonne foi par tout ce que lui avoit dit le comte Panin, que le parti auquel elle venoit de se décider seroit infiniment agréable à la cour de Londres, et entreroit parfaitement dans ses vues, avoit confié au ministre anglais qu'avant peu un courier russe porteroit à l'Angleterre les déclarations qu'elle alloit faire aux cours de Bourbon, et qui rempliroient entièrement le désir et l'attente du ministère britannique. Elle ajouta même qu'elle l'engageoit à expédier d'avance un courier, pour annoncer à sa cour une nouvelle qui devoit lui être aussi agréable. Que l'on juge de la joie qu'éprouva le chevalier Harris, en recevant de la bouche même de l'impératrice des assurances aussi positives ! Quel négociateur ne se seroit pas livré avec confiance à toute la sécurité qu'elle devoit lui inspirer ? Aussi se hâta-t-il le jour même de faire partir son courier, et de rendre compte de la situation où étoient les choses en

Russie, avec toute la satisfaction d'un homme qui est bien sûr que c'est à lui seul, à son zèle et à ses soins, que l'on doit de les voir amenées au point le plus heureux que l'on pouvoit désirer. Et comment le chevalier Harris auroit-il pu prévoir que l'expédition de ce même courier, et le contenu des dépêches dont il le chargeoit, seroient bientôt pour lui la cause du chagrin le plus vif, du contre-tems le plus cruel que jamais aucun ministre pût éprouver ?

La cour de Londres, prévenue d'une manière aussi favorable qu'affirmative par son ministre, attendoit avec impatience, mais dans la plus grande sécurité, que celui de Russie reçût les déclarations annoncées, et qu'il lui en donnât connoissance. Ce ministre ne tarda pas effectivement à les recevoir et à les communiquer : mais que l'on se représente pour un moment la surprise, la douleur du ministère anglais, et le jugement qu'il dut porter des rapports du chevalier Harris, quand il eut la preuve, qu'au lieu des dispositions si favorablement

annoncées, l'impératrice adoptoit et mani-
festoit si ouvertement des principes également contraires aux actes de navigation
de l'Angleterre et à ses plus chers intérêts;
principes dont l'application tourneroit à l'a-
vantage des cours de Bourbon, puisque ces
puissances, pendant la guerre actuelle, et dans
le cours des autres guerres maritimes qu'elles
pourroient avoir à soutenir par la suite, seroient, à l'abri de l'égide de la Russie et de
celles des cours neutres qui adopteroient son
système, à portée de se procurer toutes les
productions du Nord, qui, comme on sait,
sont indispensablement nécessaires à la
France et à l'Espagne pour l'entretien de
leur marine.

A peine le chevalier Harris eut-il une
connoissance légale du contenu des déclarations remises à Londres par le ministre
russe, qu'il sentit à quel point il se trouvoit personnellement compromis par l'envoi de son courier, et se récria, dans les termes les plus expressifs et les plus amers, sur
la manière dont on l'avoit joué. En vain
s'empressa-t-on de lui assurer que l'impé-

ratrice elle-même avoit été la première in-
duite en erreur par le comte Panin ; en
vain lui insinua-t-on que, si le ministère
britannique ne témoignoit aucun ressentiment de ce qu'il pouvoit trouver de désagréable dans la déclaration de la Russie, et
y répondoit d'une manière amicale, S. M.
Impériale prendroit elle-même des mesures pour anéantir l'effet qui pouvoit résulter de cette déclaration : il parut n'a-
jouter aucune foi à toutes ces assurances ;
et quand même il eût pu les croire sincères,
pouvoit-il se flatter de le persuader à sa cour ?
Ne s'étoit-il pas mis lui-même hors de mesure d'avoir la moindre influence sur la
réponse qu'elle feroit à la Russie ? Enfin
savoit-il même jusqu'où pourroit s'étendre
l'humeur que le ministère anglais devoit
avoir contre lui ? Le chevalier Harris ne se
dissimula ni toute l'étendue du mal ni
combien il étoit irrémédiable, et, s'il avoit
pu encore en douter, les dépêches que l'on
reçut bientôt de M. Simolin, ministre de
Russie à la cour de Londres, auroient suffi

pour l'en convaincre. Ce ministre, en rendant à l'impératrice le compte le plus exact
et le plus détaillé du mécontentement extrême avec lequel on avoit reçu à Londres
la communication qu'il avoit faite de la déclaration, ajoutoit que le ministère anglais,
et particulièrement les lords Stormond et
Hillsborough, s'étoient expliqués à cet égard,
tant vis-à-vis de lui que vis-à-vis des autres
ministres étrangers, avec la plus grande chaleur, la plus grande vivacité, et même dans
des termes qui ne pouvoient que blesser
sensiblement l'amour-propre et la dignité de
l'impératrice. On conçoit aisément l'effet
que devoit produire un pareil rapport sur
l'esprit de Catherine II.

D'un autre côté, autant la déclaration
de la Russie avoit été mal accueillie en
Angleterre, autant les cours de Bourbon
la reçurent-elles de la manière la plus agréable pour l'impératrice. Les comtes de Vergennes et de Florida-Blanca, dont le premier étoit en France à la tête du ministère
des affaires étrangères, et le second avoit

en Espagne le même département , aper-
çurent au premier coup d'œil les avantages
que cette déclaration procureroit , au
moins momentanément, à leurs cours res-
pectives ; et le comte de Vergennes , pour
ne laisser même aucun prétexte au ressentiment que la Russie avoit témoigné contre
l'Espagne , s'empressa d'employer ses bons
offices près de la cour de Madrid , pour
l'engager à donner toute satisfaction à
l'impératrice , relativement à l'arrestation
des deux bâtimens russes, la *Concordia* et
le *Saint-Nicolas*, qui avoient été conduits
dans le port de Cadix. Dès ce moment, le
système , le plan du comte Panin, furent
plus affermis que jamais ; l'impératrice s'y
attacha comme à son propre ouvrage, ne
s'occupa plus que des moyens de lui donner
la plus entière exécution, et la comparaison
qu'elle fut dans le cas de faire des procédés
des cours de Bourbon et de celle d'Angleterre, la rendit plus qu'indifférente à toute
l'humeur que le ministère britannique pouvoit témoigner. Il ne fut donc plus ques-

tion que d'engager toutes les puissances neutres à adhérer aux principes établis par la déclaration de l'impératrice, et à manifester leur adhésion par des conventions solemnelles avec la Russie; conventions qui avoient pour unique objet le maintien de ces mêmes principes, qui assuroient à jamais la liberté de la navigation et du commerce.

On a déjà vu ci-dessus que les premières ouvertures à cet égard avoient déjà été faites aux cours de Suède et de Danemarck : en vain celle de Londres employa-t-elle tout le crédit qu'elle avoit sur le ministère danois, et principalement sur le comte de Bernstorff, (connu alors par son dévouement à l'Angleterre), pour engager la cour de Copenhague à se refuser à la proposition de la Russie; les liens qui subsistoient entre les deux cours, surtout depuis la cession du Holstein, étoient trop étroits, trop indissolubles, pour que celle de Danemarck osât risquer de se compromettre par un refus vis-à-vis de la Russie. Aussi ni les efforts de l'Angleterre, ni ceux du comte de Bernstorff, ne purent empêcher la conclusion de cette convention, qui fut ratifiée le 9 juillet 1780, et qui a servi de base à toutes celles que firent successivement les autres puissances [1]. Quant à la Suède, elle mit d'autant plus d'empressement à y accéder et à entrer dans les vues de l'impératrice, que plus d'un an auparavant Gustave III avoit proposé, pour assurer la navigation et le commerce de la Baltique, des mesures à peu près semblables à celles que la Russie venoit d'adopter en général pour la liberté des mers. Ce prince fit même plus ; car avant de signer sa convention avec la Russie, il fit remettre aux puissances belligérantes une déclaration aussi formelle qu'expressive [2], et absolument analogue à celle que leur avoit déjà fait transmettre la cour de Pétersbourg. Ce ne fut qu'à l'époque de la signature de la

[1] Voyez ci-après les pièces justificatives, lettres D, E et F.

[2] Voyez les pièces justificatives, lettre G.

convention entre la Suède et la Russie, que le comte Panin fit faire personnellement quelques insinuations au roi de Prusse, pour l'engager à augmenter, par son accession, la force prépondérante que paroissoit acquérir le nouveau système. Mais Frédéric le grand craignit alors que cette accession ne l'entraînât dans des engagemens et des démarches qui pourroient troubler sa tranquillité, ou l'exposer à des frais de subsides; et il paroît certain, d'après les notions les plus connues, que ce monarque donna ordre au comte de Gœrtz, alors son ministre à la cour de Pétersbourg, d'éluder avec soin toutes les propositions que l'on pourroit être dans le cas de lui faire, relativement à cet objet. D'un autre côté, Catherine II qui venoit de faire la connoissance personnelle de l'empereur Joseph II, et qui depuis long-tems avoit commencé à prendre les sentimens les plus favorables aux intérêts de la maison d'Autriche, témoigna au comte Panin quelque éloignement pour admettre le roi de Prusse à son nouveau système. Ainsi, de part et d'autre, on ne donna alors aucune suite aux premières insinuations que ce ministre avoit fait faire à la cour de Berlin.

Le coup le plus sensible que l'on pouvoit porter à l'Angleterre, c'étoit d'engager la Hollande à entrer dans la neutralité armée, et à augmenter le nombre des puissances qui s'unissoient pour le maintien des principes et des droits des neutres. L'impératrice en fit faire la proposition formelle à cette république, et le parti français, qui y dominoit alors, mit tout en œuvre pour décider et accélérer l'accession des états-généraux à la neutralité. Bientôt ils nommèrent deux ambassadeurs extraordinaires, chargés de suivre et de terminer à Péters-bourg cette importante négociation ; et malgré les obstacles suscités par la cour de Londres, malgré la lenteur et les délais qui résultent nécessairement des formes ré-publicaines, les deux ambassadeurs signè-rent, le 24 décembre v. st. 1780, la con-vention avec la Russie, à laquelle accédèrent

les

les cours de Stockholm et de Copenhague. Tout ce que put faire le chevalier Harris, fut de prévenir l'Angleterre de l'impossibilité où il étoit de parer le coup; et il paroît hors de doute que ce fut ce qui décida cette puissance à déclarer la guerre à la Hollande, sinon encore avant qu'elle fût admise dans la confédération des neutres, du moins avant l'époque où l'on pouvoit en recevoir officiellement la nouvelle à Londres.

En se portant à une mesure aussi violente, le ministère britannique avoit bien calculé que, si l'on apprenoit à Pétersbourg la déclaration de guerre, avant que l'accession de la Hollande fût consommée, cette accession ne pourroit plus avoir lieu, ou que, si la convention étoit signée avant qu'on eût pu être instruit de la rupture entre la Hollande et l'Angleterre, cette circonstance inattendue, et que l'on n'avoit pas pu prévoir, fourniroit du moins un prétexte, une raison même très-plausible aux puissances neutres, pour ne pas se croire dans l'obligation de reconnoître le *casus fœderis* en faveur de la Hollande, qui par là même se trouveroit frustrée de tous les avantages qu'elle espéroit recueillir de son accession à la neutralité armée.

L'événement prouva que l'Angleterre ne s'étoit pas trompée, en employant ce coup de politique comme une dernière ressource ; car quoiqu'il fût bien évident que l'Angleterre ne déclaroit la guerre à la Hollande qu'en haine de son accession, quoique les cours de Russie, de Suède et de Danemarck ne pussent se dissimuler cette vérité, la crainte d'embraser l'Europe entière, en prenant part à la guerre, empêcha les trois cours du Nord de regarder la Hollande comme étant dans le *casus fœderis*, que cette dernière avoit sur-le-champ réclamé comme expressément énoncé dans la convention. En jetant les yeux sur les pièces justificatives annexées au présent mémoire, on y verra la manière dont les trois cours du Nord crurent devoir envisager l'état de cette question [1]; et ces mêmes pièces constatent en même tems les principes fondamentaux, d'après lesquels les cours de Pétersbourg, de Stockholm et de Copenhague, étoient convenues d'agir dans une circonstance aussi délicate. Il est important de remarquer dans une de ces pièces (qui est l'extrait d'une dépêche du ministère danois, adressée au sieur Schumacher, alors son chargé d'affaires à Pétersbourg, [2]) que ce fut la cour de

[1] Voyez les pièces justificatives, marquées H, I, K, L, M.

[2] Le sieur Schumacher, sous l'extérieur le plus ignoble, les formes les plus désagréables, et l'air en apparence le plus simple et le plus borné, doit pourtant avoir été un des êtres les plus intrigans dans son espéce, puisqu'à l'insçu du comte de Bernstorff, ministre des affaires étrangères, il entretenoit une correspondance secrète avec le prince Frédéric de Danemarck, et le sieur Guldberg, son ancien instituteur, que l'on a vu depuis pendant un moment ministre d'état. On est même généralement persuadé que la disgrace momentanée du comte de Bernstorff, qui eut lieu à cette époque, fut le résultat de la correspondance et des doubles rapports de cet intrigant, qui, depuis que ce ministre a été rappelé à ses fonctions, est probablement rentré dans l'obscurité d'où il avoit été tiré.

Copenhague qui, comme un moyen de donner plus de poids au nouveau système, invita la Russie à employer ses bons offices pour faire agréer à l'empereur et au roi de Prusse les points de la déclaration. Cette pièce seule achève de démontrer avec la plus grande évidence que Frédéric le grand n'étoit assurément pas l'auteur de ce système, puisqu'alors on étoit encore très-incertain s'il en adopteroit les principes, et que l'on se bornoit même à désirer qu'il voulût bien les reconnoître.

On ne peut assurer si ce fut ce vœu énoncé par la cour de Danemarck, également liée avec la Prusse et la Russie, qui d'une part engagea l'impératrice à vaincre la répugnance qu'elle avoit témoignée à proposer au roi de Prusse d'accéder à la neutralité, et de l'autre décida ce monarque à écouter favorablement les propositions que la Russie pourroit faire à cet égard : mais un fait certain, c'est qu'à la fin du mois de mars 1781 Frédéric le grand ayant réclamé, pour les bâtimens marchands prussiens , la protection des trois cours du Nord, que celles de Suède et de Danemarck s'empressèrent de lui accorder, l'impératrice, en réponse à cette réclamation, que S. M. Prussienne avoit également fait faire à Pétersbourg, fit transmettre à ce prince un office ministériel, par lequel elle l'invitoit de la manière la plus formelle à accéder lui-même *à la neutralité armée*, et à assurer par cette accession les avantages qu'il pouvoit désirer pour la liberté du commerce et de la navigation de ses sujets.

S. M. Prussienne, ne croyant pas pouvoir se refuser à une invitation aussi amicale, donna en conséquence des ordres à son ministre en Russie, et l'acte d'accession de la cour de Berlin à la neutralité fut signé à Pétersbourg le 8 mai 1781. On peut supposer que, quelque intérêt que Frédéric le grand prît à la prospérité du commerce de ses sujets, cet intérêt ne fut ni le seul ni même le principal motif qui le décida à devenir une des parties contractantes de la nouvelle association : mais plus il sentoit que la Russie cherchoit à se détacher de son alliance avec lui, plus il vouloit prouver à l'impératrice, par son empressement à lui complaire, le prix qu'il attachoit à cette même alliance ; il vouloit, si l'on peut se servir de cette expression, mettre, dans le cas d'une rupture avec la cour de Pétersbourg, tous les torts du côté de la Russie ; enfin plus les liens qui l'attachoient à cette puissance commençoient à se relâcher, plus il entroit dans les calculs d'une saine politique d'empêcher l'Europe de s'en apercevoir.

L'échange des actes d'accession et d'acceptation entre le Danemarck, la Suède et la Prusse, n'eut lieu que l'année 1782 : on verra, par les pièces justificatives rapportées à la suite de ce mémoire [1], la juste répugnance qu'avoit S. M. Prussienne à souscrire à des stipulations, qui, en cas de rupture, auroient pu l'engager plus loin qu'elle ne vou-

---

[1] Voyez les pièces justificatives, lettres N, O, P, Q.

loit; et l'on trouvera dans ces mêmes pièces la preuve de la modification et des restrictions auxquelles consentirent les cours de Stockholm et de Copenhague, par égard et par déférence pour ce monarque.

A peine la Prusse eut-elle consommé son accession à la neutralité, que l'empereur, pour ne pas paroître moins empressé que Frédéric le grand à entrer dans les vues et dans les projets de l'impératrice, accéda également à cette neutralité, et donna ordre au comte de Cobenzl, son ministre à Pétersbourg, de faire avec le ministère russe l'échange réciproque des actes d'accession de sa part, et d'acceptation de celle de la Russie [1]. Il est essentiel d'observer qu'à

[1] Ces actes furent signés, celui de l'empereur par *Joseph*, et celui de Russie par *Catherine*; expédient imaginé de la part de la cour de Vienne pour éluder la prétention de celle de Russie, et pour ne pas déroger à la primauté que toutes les puissances de l'Europe avoient accordée jusqu'à ce jour à l'empereur des Romains, et dont un empereur d'Allemagne promet à l'empire de maintenir les droits. Mais ce qu'il est essentiel d'observer, et ce qui pourroit être échappé à

cette époque il existoit déjà une alliance secrète entre Joseph II et Catherine II ,

l'attention de l'empire même, et peut-être à celle de
tous les cabinets de l'Europe, c'est qu'en cette occasion
la finesse russe emporta un avantage visible, puisque,
malgré l'expédient en question, elle obtint un acte
formel qui pourroit dorénavant servir de titre à la
cour de Russie pour soutenir ses prétentions à l'égalité.
En effet, au moment de l'échange de ces actes signés
entre les souverains (échange fait entre les plénipotentiaires de Russie et celui de l'empereur), le ministère russe eut l'adresse de faire dresser un double
protocole, par lequel les plénipotentiaires respectifs
des deux cours impériales attestèrent l'acte de l'échange ;
et le comte de Cobenzl, plénipotentiaire de l'empereur,
soit qu'il en eût reçu l'ordre de sa cour, soit par une
condescendance personnelle, consentit à signer avec
l'alternative, et dans la forme usitée entre les puissances d'un rang égal. Ainsi dans l'exemplaire pour
la cour de Russie la signature du comte de Cobenzl
se trouva après celle des plénipotentiaires russes, et ,
dans l'exemplaire pour la cour de Vienne, ceux-ci ne
signèrent qu'après le comte de Cobenzl. On peut
ajouter qu'en général cet acte étoit d'autant plus extraordinaire, que jamais jusqu'alors on n'avoit cru
pouvoir se permettre de faire une régistrature sur un
tel échange des actes des souverains mêmes; attendu
que cette espèce de protocole est comme une ratification
de la part des ministres de ce qu'ont arrêté leurs souverains.

alliance qui n'avoit point été signée publiquement, pour éviter les difficultés qu'auroient pu faire naître les formules de l'étiquette , mais dont les deux souverains étoient convenus entre eux par des lettres autographes.

Les cours de Naples et de Lisbonne ne tardèrent pas à suivre l'exemple de celles de Vienne et de Berlin , et à constater leur union à la confédération des puissances neutres , par des conventions formelles qu'elles signèrent avec la Russie. Une circonstance particulière , qui mérite même d'être remarquée, c'est que la cour de Lisbonne ne signa et ne ratifia son accession, qu'après la conclusion de la paix entre l'Angleterre et la maison de Bourbon.

Ainsi se consolida et parvint à sa perfection ce fameux système de la neutralité armée, dont on vient de développer l'origine, la marche et les progrès. L'auteur du présent mémoire, pour ne rien laisser désirer au lecteur de tout ce qui est relatif à un objet aussi intéressant, croit, en terminant ce précis historique, devoir joindre aux pièces justificatives deux pièces essentielles qui y ont rapport [1]. L'une est un mémoire, que le roi de Suède fit remettre à l'impératrice en 1782; l'autre, la réponse que Catherine II crut devoir y faire : on verra par la première de ces deux pièces, que le désir et le projet de Gustave III étoient d'ajouter encore à la consistance d'un nouveau code maritime, d'en étendre l'effet au delà de la guerre, et de partager avec la Russie l'honneur de la médiation. L'on jugera en même tems par la seconde, que l'impératrice, jalouse de tout ce qui pouvoit accroître son influence en Europe ou ajouter à sa gloire, étoit bien éloignée de vouloir laisser partager au monarque suédois le rôle brillant qu'elle se persuadoit de pouvoir jouer dans cette médiation, dont elle se flattoit bien alors que tout l'honneur lui seroit réservé.

[1] Voyez les pièces justificatives, lettres R et S.

PIÈCES JUSTIFICATIVES.

PIÈCES JUSTIFICATIVES.

A.

Note.

Le consul de l'impératrice à Cadix avoit à peine
eu le tems de donner connoissance à sa cour de la
résolution inattendue de celle de Madrid d'amener
tous les bâtimens neutres, destinés vers la Méditerranée, dans ce port et d'y vendre au plus offrant leurs
charges, sans le consentement et la participation,
non-seulement des propriétaires, mais même des consuls
de leurs nations y résidens, qu'il fut formé des plaintes
formelles de différens sujets russes, sur ces entraves
mises au commerce et à la sûreté commune qui en fait
la base. Tandis que quelques-uns en essuient déjà les
funestes effets, d'autres, justement alarmés, se voient
arrêtés dans leurs spéculations et réduits à abandonner
des projets sensés, formés dans des vues également
avantageuses pour eux et l'empire dont ils sont sujets.
Du nombre des premiers se trouve la maison de commerce des sieurs *Ruitgers*, *van Brienen fils et compagnie*, établie à Archangel. Elle avoit chargé pour son
propre compte, de moitié avec celle de *Hoppe et
compagnie* à Amsterdam, sous la raison de cette dernière, le vaisseau *Concordia*, capitaine *Hans Jansen*,
de quatre mille muids de froment. Il étoit d'abord
destiné pour Lisbonne, d'où il devoit se rendre à
Barcelone, de là à Marseille, Gênes ou Livourne,
suivant sa convenance, et en se réglant sur les prix

de cette denrée et sur la probabilité du gain, comme cela s'est pratiqué en tout tems parmi les négocians. Tels étoient les termes du contrat passé avec le capitaine du vaisseau, qui, avant qu'il eût eu le tems de lever l'ancre, fut instruit par ses commettans, sur des avis qui leur étoient venus de la disette de froment à Barcelone, d'y diriger immédiatement sa route. En conséquence, le vaisseau mit à la voile pour Barcelone, et poursuivit son voyage jusqu'au détroit de Gibraltar, où il se trouva arrêté par une chaloupe espagnole, sans qu'il fût donné la plus légère attention ni à sa destination ni à sa charge, qui appartenoit incontestablement à des propriétaires neutres. On le conduisit au contraire à Cadix, où toute cette charge a été vendue à l'encan à quatorze mille pesas de moins qu'elle n'auroit produit au prix courant de Barcelone. Il y a des avis sur d'autres infractions commises également contre la sûreté générale, et en particulier au détriment des sujets russes, mais dont on n'a pas encore appris les détails.

Sa Majesté Impériale n'a pu voir sans surprise la cour de Madrid se décider à un parti aussi extrême contre la navigation et le commerce de toutes les nations neutres; tandis que l'usage reçu, et respecté au plus fort de la guerre même, restreint un tel droit à des forteresses et villes ennemies bloquées et assiégées, cas où se trouve incontestablement la seule forteresse de Gibraltar. On peut se rapporter, à l'égard de ces principes, à ceux qu'avoit établi le gouvernement espagnol, lorsque la guerre fut déclarée contre la Grande-Bretagne, et qui ne portoient rien moins qu'une liberté et incolumité entière du commerce de toutes les nations neutres. Dans la lettre même que M. le comte de Florida-Blanca avoit adressée le 10 juillet 1779, par ordre de S. M. Catholique, à tous les ministres résidens à Madrid, cette cour-ci se réserve la seule faculté d'examiner les vaisseaux soupçonnés de suivre la route de Gibraltar, et déclare vouloir détenir uniquement ceux qui y dirigeront leur route contre l'objet du blocus. Aucune puissance n'est sans doute en droit de demander à cet égard à la cour de Madrid des complaisances ou exceptions incompatibles avec le droit des gens et les lois reçues parmi les nations; mais il n'est pas moins constant que, d'un autre côté, l'équité et la justice sollicitent la satisfaction dûe aux sujets de S. M. I. de toutes les Russies, que, par son ordre exprès, son ministre est chargé de réclamer. Elle se réduit principalement à ce qui suit :

1°. Que tous bâtimens neutres, qui se trouvent chargés en entier ou en partie de propriétés russes, amenés de force et détenus contre leur gré, soit à Cadix, soit dans d'autres ports d'Espagne, soient incessamment relâchés, pour continuer leur route vers l'endroit de leur destination, à l'exception des places bloquées, comme est la forteresse de Gibraltar.

2°. Que toutes pertes et dommages causés par des détentions violentes, saisies, ventes forcées, et par les différences de prix qui en sont la suite, ou par telle autre démarche arbitraire, dont viennent à souffrir les sujets russes, et nommément, dans le cas présent, la maison de *Ruitgers, van Brienen fils et compagnie.*

soient compensés, et qu'il soit pourvu à leur dédom
magement prompt et plénier; et enfin,

3°. Que les ordres d'amener tous les vaisseaux
neutres sans distinction à Cadix ou ailleurs, soient
incessamment levés.

Il n'est pas nécessaire d'étaler ici les raisons qui
doivent porter S. M. Catholique à redresser les griefs
de tant de nations. La bonne foi qui fait la base de
tout commerce, la sûreté sans laquelle il n'en existe
pas du tout, et le préjudice qui résulteroit de son
interruption, en sont de trop graves, pour qu'elles
puissent échapper à un prince juste et équitable et aux
lumières de son ministère.

Il est des considérations qui ont un rapport particulier à la Russie et à l'Espagne, dont le commerce
direct vient seulement de s'établir à l'avantage mutuel
des deux nations, et qu'il seroit bien affligeant de voir
étouffer, lorsqu'à peine il avoit pris quelque consistance.
Il a été formé partout des plaintes contre la Grande-
Bretagne, et les cours de Madrid et de Versailles en
ont fait souvent, que cette puissance-là troubloit la
liberté du commerce. Cependant la cour de Londres
a toujours pris fortement à cœur de contenter les
négocians neutres dont les charges ont été saisies,
conformément à leurs propres factures, et en y ajou-
tant même un profit raisonnable. Si cette manière
d'agir s'est attirée de justes reproches, combien plus
étranges ne doivent pas paroître aux yeux de toutes
les nations les principes actuellement adoptés en
Espagne ? Sa Majesté Impériale a donné trop de
preuves de sa bonne foi, de sa candeur et de son

impartialité

impartialité, pour qu'elle ne puisse se promettre, avec une entière confiance, de retrouver ces sentimens dans S. M. Catholique, et attendre de son amitié et de son équité la juste satisfaction due à ses sujets, dont elle affectionne particulièrement l'intérét et les avantages.

A St. Pétersbourg, le 21 janvier 1780.

B.

Note pour M. de Normandès, chargé des affaires de S. M. Catholique.

Il est connu à la cour de Madrid, par la note récemment remise, avec combien peu de ménagement il a été disposé à Cadix de la propriété d'un sujet russe, chargée dans un vaisseau hollandais, *Concordia*, capitaine *Hans Jansen*, allant d'Archangel à Barcelone. Si cette démarche, entièrement contraire au droit général des gens et aux usages reçus entre les nations commerçantes et amies, n'a pu qu'exciter la sensibilité de l'impératrice, elle a dû être particulièrement affectée par le compte que vient de rendre le consul de Russie à Cadix du procédé qu'on s'est permis contre le vaisseau marchand russe le *Saint - Nicolas*, capitaine *Jean Landschoff*, appartenant au négociant de Pétersbourg, *Jacques Chadimiroffsky*. Ce bâtiment, chargé pour le compte dudit négociant, de neuf cent quarante-deux sacs de bled pour Malaga et Livourne, dont le retour devoit consister dans un chargement de vins d'Espagne, a été pris et conduit à Cadix par le sieur Nicolas Moreno, commandant du vaisseau le St. Arturo, où l'on a enlevé tous les documens du capitaine. et, sans avertir le consul de Russie y établi, ni prévenir le capitaine, a d'abord procédé même à la vente de la charge. Toutes les instances du consul, pour qu'il fût permis au capitaine de produire sa justification, ont été vaines; on n'a pas même cité dans l'affiche de la vente le pavillon, comme c'est l'usage à l'égard des autres nations.

Moins la cour impériale de Russie pouvoit s'attendre à un défaut si marqué d'égards pour sa neutralité et pour la liberté du commerce de ses sujets, plus elle se voit fondée à porter ses justes plaintes à la cour de Madrid sur tout ce qu'il y a d'irrégulier et d'arbitraire dans la conduite de ses officiers. Le ministre de Russie, muni d'ordres exprès et positifs de S. M. Impériale, s'empresse d'inviter Monsieur le chargé d'affaires de porter ses plaintes à la connoissance de sa cour, et y joint la réquisition formelle d'une restitution entière de la valeur des propriétés appartenantes aux sujets de S. M. Impériale et d'un dédommagement des pertes auxquelles ils ont été exposés, ou qu'ils pourroient essuyer dans la suite. Il remplit encore les intentions de sa souveraine, en requérant qu'il soit permis à tout vaisseau russe, détenu d'une manière aussi illégale, de poursuivre incessamment sa route, pour se rendre à sa destination, et qu'il soit inhibition expresse faite à tout vaisseau de guerre, ou armateur espagnol, de troubler la navigation et le commerce de Russie, ou de manquer aux égards dûs à son pavillon et à sa neutralité.

L'impératrice a une trop grande opinion de la façon de penser de S. M. Catholique, et de son sentiment sur ce que se doivent réciproquement les souverains, ce qu'exige leur dignité, le bien-être de leurs sujets, et les obligations qui en résultent, pour qu'elle ne se persuade que ces griefs ne manqueront pas d'être redressés dès aussitôt qu'ils auront été mis sous les yeux du roi, et qu'une satisfaction prompte et éclatante levera tout sujet de plainte, en rétablissant la confiance et la sûreté, dont dépendent la vigueur et l'activité de tout commerce parmi les nations.

C.

Première déclaration de l'impératrice de Russie aux puissances belligérantes, pour établir les principes des neutres, pour la liberté du commerce ; févr. 1780.

L'impératrice de toutes les Russies a si bien manifesté les sentimens de justice, d'équité et de modération qui l'animent, et a donné des preuves si éminentes, pendant le cours de la guerre qu'elle avoit à soutenir contre la Porte Ottomane, des égards qu'elle a pour les droits de la neutralité et de la liberté du commerce général, qu'elle peut s'en rapporter au témoignage de toute l'Europe. Cette conduite, ainsi que les principes d'impartialité qu'elle a déployés pendant la guerre actuelle, ont dû lui inspirer la juste confiance que ses sujets jouiroient paisiblement des fruits de leur industrie et des avantages appartenans à toute nation neutre. L'expérience a cependant prouvé le contraire. Ni ces considérations-là, ni les égards dûs à ce que prescrit le droit des gens universel, n'ont pu empêcher que les sujets de S. M. Impériale n'aient été souvent molestés dans leur navigation, et arrêtés dans leurs opérations par celles des puissances belligérantes.

Ces entraves mises à la liberté du commerce général, et de celui de Russie en particulier, sont de nature à exciter l'attention des souverains et de toutes les nations neutres. L'impératrice voit résulter pour elle l'obligation de s'en affranchir par tous les moyens compatibles avec sa dignité et avec le bien-être de ses sujets. Mais avant d'en venir à l'effet, et dans l'intention sincère de prévenir de nouvelles atteintes, elle a cru être de sa justice d'exposer aux yeux de l'Europe les principes qu'elle va suivre, et qui sont propres à lever tout malentendu, et ce qui pourroit y donner lieu. Elle le fait avec d'autant plus de confiance, qu'elle trouve consignés ces principes dans le droit primitif des peuples, que toute nation est fondée à réclamer, et que les puissances belligérantes ne sauroient les invalider sans violer les droits de la neutralité, et sans désavouer les maximes qu'elles ont adoptées, nommément dans différens traités et engagemens publics.

Ils se réduisent aux points qui suivent :

1°. Que les vaisseaux neutres puissent naviguer librement de port en port et sur les côtes des nations en guerre.

2°. Que les effets appartenans aux sujets desdites puissances en guerre, soient libres sur les vaisseaux neutres, à l'exception des marchandises de contrebande.

3°..Que l'impératrice se tient, quant à la fixation de celle-ci, à ce qui est énoncé dans les articles X et XI de son traité de commerce avec la Grande. Bretagne, en étendant ces obligations à toutes les puissances en guerre.

4°. Que, pour déterminer ce qui caractérise un *port bloqué*, on n'accorde cette dénomination qu'à celui où il y a, par la disposition de la puissance qui l'attaque avec des vaisseaux arrêtés et suffisamment proches, un danger évident d'y entrer.

5°. Que ces principes servent de règle dans les procédures et les jugemens sur la légalité des prises.

S. M. Impériale, en les manifestant, ne balance point de déclarer que pour les maintenir, et afin de protéger l'honneur de son pavillon, la sûreté du commerce et de la navigation de ses sujets contre qui que ce soit, elle fait appareiller une partie considérable de ses forces maritimes. Cette mesure n'influera cependant d'aucune manière sur la stricte et rigoureuse neutralité qu'elle a saintement observée, et qu'elle observera tant qu'elle ne sera provoquée et forcée de sortir des bornes de modération et d'impartialité parfaites. Ce n'est que dans cette extrémité, que sa flotte aura ordre de se porter partout où l'honneur, l'intérêt et le besoin l'appelleront.

En donnant cette assurance formelle avec la franchise propre à son caractère, l'impératrice ne peut que se promettre que les puissances belligérantes, pénétrées des sentimens de justice et d'équité dont elle est animée, contribueront à l'accomplissement de ces vues salutaires, qui tendent si manifestement à l'utilité de toutes les nations et à l'avantage même de celles en guerre ; qu'en conséquence elles muniront leurs amirautés et officiers commandans d'instructions analogues et conformes aux principes ci-dessus énoncés, puisés dans le code primitif des peuples, et adoptés si souvent dans leurs conventions.

D.

Convention maritime pour le maintien de la liberté de la navigation marchande neutre, conclue entre S. M. Impériale, et S. M. le roi de Danemarck et de Norvège, à Copenhague, le $\frac{28\ juillet}{9\ juillet.}$ 1780.

La présente guerre maritime, allumée entre la Grande-Bretagne d'un côté, et la France et l'Espagne de l'autre, ayant porté un préjudice notable au commerce et à la navigation des nations neutres, S. M.

l'impératrice de toutes les Russies, et S. M. le roi de Danemarck et de Norvège, toujours attentives à concilier leur dignité et leurs soins pour la sûreté et le bonheur de leurs sujets avec les égards qu'elles ont si souvent manifestés pour les droits des peuples en général, ont reconnu la nécessité où elles se trouvent de régler dans les circonstances présentes leur conduite d'après ces sentimens. S. M. Impériale de toutes les Russies a avoué à la face de l'Europe, au moyen de sa déclaration, en date du 28 février 1780, remise aux puissances actuellement en guerre, les principes puisés dans le droit primitif des nations, qu'elle réclame, et qu'elle a adoptés pour règle de sa conduite pendant la guerre actuelle. Cette attention de l'impératrice à veiller au maintien des droits communs des peuples, ayant été applaudie par toutes les nations neutres, les a réunies dans une cause qui regarde la défense de leurs intérêts les plus chers, et les a portées à s'occuper sérieusement d'un objet précieux pour les tems présens et à venir; en tant qu'il importe de former et de réunir en un corps de système permanent et immuable les droits, prérogatives, bornes et obligations de la neutralité.

S. M. le roi de Danemarck et de Norvège, pénétré de ces mêmes principes, les a également établis et réclamés dans la déclaration qu'il a fait remettre le 8 juillet 1780 aux trois puissances belligérantes, en conformité de celle de la Russie, et pour le soutien desquels S. M. Danoise a même fait armer une partie considérable de sa flotte. De là est résulté l'accord et l'unanimité avec lesquels S. M. l'impératrice de toutes les Russies et S. M. le roi de Danemarck et de Norvège, en conséquence de leur amitié et de leur confiance réciproques, ainsi que de la conformité des intérêts de leurs sujets, ont jugé à propos de donner, au moyen d'une convention formelle, une sanction solemnelle aux engagemens mutuels à prendre. Pour cet effet, leurs dites Majestés ont choisi et nommé pour leurs plénipotentiaires, savoir : S. M. Impériale de toutes les Russies, le sieur Charles d'Osten, nommé Sacken, conseiller d'état actuel, chevalier de l'ordre de Sainte-Anne, envoyé extraordinaire et ministre plénipotentiaire de sadite Majesté près la cour de Danemarck, etc.; et S. M. le roi de Danemarck et de Norvège, le sieur Otto comte de Thott, conseiller privé de son conseil, chevalier de l'ordre de l'Eléphant, etc.; le sieur Joachim-Otto de Schak-Rathlow, conseiller privé de son conseil, chevalier de l'ordre de l'Eléphant, etc.; le sieur Jean-Henri d'Erikstedt, conseiller privé de son conseil, gouverneur de S. A. royale le prince Royal, chevalier de l'ordre de l'Eléphant, etc.; et le sieur André-Pierre comte de Bernstorff, conseiller privé de son conseil, secrétaire d'état pour le département des affaires étrangères, directeur de la chancellerie allemande, chevalier de l'ordre de l'Eléphant, etc. ; lesquels, après avoir échangé entre eux leurs pleins-pouvoirs, trouvés en bonne et due forme, ont arrêté et conclu les articles suivans :

ART. I. Leurs dites Majestés, étant sincèrement résolues d'entretenir constamment l'amitié et l'harmonie la plus parfaite avec les puissances actuellement en guerre, et de continuer à observer la neutralité la plus stricte et la plus exacte, déclarent vouloir tenir la main à la plus rigoureuse exécution des défenses portées contre le commerce de contrebande de leurs sujets, avec qui que ce soit des puissances déjà en guerre, ou qui pourroient y rentrer dans la suite.

Aᴿᴛ. II. Pour éviter toute équivoque et tout mal-entendu sur ce qui doit être qualifié de contrebande, S. M. Impériale de toutes les Russies, et S. M. le roi de Danemarck et de Norvége, déclarent qu'elles ne reconnoissent pour telles que les marchandises comprises sous cette dénomination, dans les traités qui subsistent entre leurs dites Majestés et l'une ou l'autre des puissances belligérantes; S. M. Impériale de toutes les Russies se référant nommément à cet égard aux articles X et XI de son traité de commerce avec la Grande-Bretagne. Elle en étend les obligations, entièrement fondées dans le droit naturel, aux couronnes de France et d'Espagne, qui n'ont point été liées jusqu'ici avec son empire par aucun engagement formel, purement relatif au commerce. S. M. le roi de Danemarck et de Norvège, de son côté, se rapporte aussi nommément à l'art. III de son traité de commerce avec la Grande-Bretagne, et aux art. XXVI et XXVII de son traité de commerce avec la France, et étend les obligations de celui-ci à l'Espagne, n'ayant point avec cette couronne des engagemens qui décident à cet égard.

Aᴿᴛ. III. La contrebande déterminée et exclue du commerce des nations neutres, en conformité des traités et stipulations expresses subsistans entre les hautes parties contractantes et les puissances en guerre, et nommément en vertu du traité de commerce conclu entre la Russie et la Grande-Bretagne le 20 juin 1766, ainsi que du traité de commerce conclu entre le Danemarck et la Grande-Bretagne le 11 juillet 1670, et de celui conclu entre le Danemarck et la France le 23 d'août 1742, S. M. Impériale de toutes les Russies et S. M. le roi de Danemarck et de Norvége, entendent et veulent que tout autre trafic soit et reste parfaitement libre. Leurs Majestés, après avoir déjà réclamé dans leurs déclarations faites aux nations belligérantes les principes généraux du droit naturel, dont la liberté du commerce et de la navigation, de même que les droits des peuples neutres. sont une conséquence directe, ont résolu de ne les point laisser plus long-tems dépendre d'une interprétation arbitraire, suggérée par des intérêts isolés et momentanés. Dans cette vue, elles sont convenues:

1°. Que tout vaisseau peut naviguer librement de port en port, et sur les côtes des nations en guerre.

2°. Que les effets appartenans aux sujets desdites puissances en guerre, soient libres sur les vaisseaux neutres, à l'exception des marchandises de contrebande.

3°. Que, pour déterminer ce qui caractérise un port bloqué, on n'accorde cette dénomination qu'à celui où il y a, par la disposition de la puissance qui l'attaque avec des vaisseaux arrêtés et suffisamment proches, un danger évident d'entrer.

4°. Que les vaisseaux neutres ne peuvent être arrêtés que sur de justes causes et faits évidens ; qu'ils soient jugés sans retard ; que la procédure soit toujours uniforme, prompte et légale ; et que chaque fois, outre les dédommagemens qu'on accorde à ceux qui ont fait des pertes, sans avoir été en faute, il soit rendu une satisfaction complète pour l'insulte faite au pavillon de Leurs Majestés.

Art. IV. Pour protéger le commerce de leurs sujets, fondé sur les principes ci-dessus établis, S. M. Impériale de toutes les Russies, et S. M. le roi de Danemarck et de Norvège, ont jugé à propos d'équiper séparément un nombre de vaisseaux de guerre et de frégates proportionné à ce but; les escadres de chaque puissance ayant à prendre la station, et devant être employées aux convois qu'exigent son commerce et sa navigation, conformément à la nature et à la qualité du trafic de chaque nation.

Art. V. Si pourtant il arrivoit que les vaisseaux marchands de l'une des puissances se trouvassent dans un parage où les vaisseaux de guerre de la même nation ne fussent pas stationnés, et où ils ne pourroient pas avoir recours à leurs propres convois, alors le commandant des vaisseaux de guerre de l'autre puissance, s'il en est requis, doit de bonne foi et sincèrement leur prêter les secours dont ils pourront avoir besoin; et en tel cas les vaisseaux de guerre et frégates de l'une des puissances serviront de soutien et d'appui aux vaisseaux marchands de l'autre; bien entendu cependant que les réclamans n'auroient fait aucun commerce illicite, ni contraire aux principes de la neutralité.

Art. VI. Cette convention n'aura point d'effet rétroactif, et par conséquent on ne prendra aucune part aux différens nés avant sa conclusion, à moins qu'il ne soit question d'actes de violence continués, tendant à fonder un système oppressif pour toutes les nations neutres de l'Europe en général.

Art. VII. S'il arrivoit, malgré tous les soins les plus attentifs et les plus amicals employés par les deux puissances, et malgré l'observation de la neutralité la plus parfaite de leur part, que les vaisseaux marchands de S. M. I. de toutes les Russies, et de S. M. le roi de Danemarck et de Norvège, fussent insultés, pillés ou pris par les vaisseaux de guerre ou armateurs de l'une ou l'autre des puissances en guerre, alors le ministre de la partie lésée auprès de la cour dont les vaisseaux de guerre ou armateurs auront commis de tels attentats, y fera des representations, réclamera le vaisseau marchand enlevé, et insistera sur les dédommagemens convenables, en ne perdant jamais de vue la réparation de l'insulte faite au pavillon. Le ministre de l'autre partie contractante se joindra à lui, et appuyera ses plaintes de la manière la plus énergique et la plus efficace; et ainsi il sera agi d'un commun et parfait accord. Que si l'on refusoit de rendre justice sur ces plaintes, ou si l'on remettoit de la rendre d'un tems à l'autre, alors Leurs Majestés useront de représailles contre la puissance qui la leur refuseroit, et elles se concerteront incessamment sur la manière la plus efficace d'effectuer ces justes représailles.

Art. VIII. S'il arrivoit que l'une ou l'autre des deux puissances, ou toutes les deux ensemble, à l'occasion ou en haine de la présente convention, ou pour quelque cause qui y eût rapport, fût inquiétée, molestée ou attaquée, il a été également convenu que les deux puissances feront cause commune pour se défendre réciproquement, et pour travailler et agir de concert à se procurer une pleine et entière satisfaction, tant pour l'insulte faite à leur pavillon, que pour les pertes causées à leurs sujets.

Art. IX. Cette convention, arrêtée et conclue pour tout le tems que durera la guerre actuelle, servira de base aux engagemens que les conjonctures pourroient faire contracter dans la suite des tems, et à l'occasion des nouvelles guerres maritimes par lesquelles l'Europe auroit le malheur d'être troublée. Ces stipulations doivent au reste être regardées comme permanentes, et feront loi en matière de commerce et de navigation, et toutes les fois qu'il s'agira d'apprécier les droits des nations neutres.

Art. X. Le but et l'objet principal de cette convention étant d'assurer la liberté générale du commerce et de la navigation, S. M. I. de toutes les Russies, et S. M. le roi de Danemarck et de Norvège, conviennent et s'engagent d'avance à consentir que d'autres puissances également neutres y accèdent, et qu'en en adoptant les principes, elles en partagent les obligations ainsi que les avantages.

Art. XI. Afin que les puissances en guerre ne prétendent cause d'ignorance, relativement aux arrangemens pris entre Leurs dites Majestés, les deux hautes parties contractantes communiqueront amicalement à toutes les puissances belligérantes les mesures qu'elles ont concertées entre elles, d'autant moins hostiles qu'elles ne sont au détriment d'aucune autre, mais tendantes uniquement à la sûreté du commerce et de la navigation de leurs sujets respectifs.

Art. XII. La présente convention sera ratifiée par les deux parties contractantes, et les ratifications échangées en bonne et dûe forme dans l'espace de six semaines, à compter du jour de la date de la signature, ou plutôt si faire se peut.

En foi de quoi, nous soussignés, en vertu de nos pleins-pouvoirs, l'avons signée et y avons apposé les cachets de nos armes.

Fait à Copenhague, le 9me. jour du mois de juillet, l'an de grace 1780.

Signés :

CHARLES D'OSTEN, nommé SACKEN.   O. THOTT.
    (L. S.)   (L. S.)

J. SCHACK RATHLOW.   H. ERIKSTEDT.
    (L. S.)   (L. S.)

A. P. comte BERNSTORFF.
    (L. S.)

Les ratifications de cette convention ont été échangées à Copenhague, le $\frac{4}{12}$ septembre 1780, par les mêmes ministres plénipotentiaires qui l'avoient signée.

Et comme à Saint-Pétersbourg il a été signé de même, le 21 juillet dernier, par les ministres autorisés à cet effet : savoir, de la part de S. M. Impériale, par le Sr. Nikita comte de Panin, son conseiller privé actuel, sénateur, chambellan actuel, et chevalier des

ordres de Saint-André, de Saint-Alexandre-Newsky
et de celui de Sainte-Anne, et par le sieur Jean
d'Ostermann, son vice-chancelier, conseiller privé
et chevalier de l'ordre d'Alexandre-Newsky et de celui
de Sainte-Anne ; et, de la part de S. M. le roi de Suède,
par le Sr. Frédéric baron de Nolken, son envoyé
extraordinaire à la cour de S. M. Impériale, chambellan
et commandeur de l'ordre de l'Etoile-Polaire, chevalier
de ceux de l'Épée et de Saint-Jean, et actuellement
déjà ratifié une autre convention dans la même
forme, et de la même teneur mot pour mot que celle
de Copenhague, à l'art. II près, où, à l'occasion d'une
explication pareille de la nature de la contrebande en
général, il a été nécessaire de se rapporter aux traités
qui subsistent entre la couronne de Suède et les autres
puissances ; par cette raison, et pour ne point répéter
ce qui a été déjà dit, on s'est contenté d'insérer ici de
mot à mot ledit art. II. Il est encore à observer que
les deux rois, en s'unissant à l'impératrice, ont accédé
réciproquement par des actes signés par eux-mêmes,
comme parties principales contractantes, aux conventions sus-mentionnées, conclues entre S. M. Impériale
et leurs dites Majestés ; lesquels actes ont été échangés
ici par le ministère de Sa Majesté.

*Article II de la convention de Saint-Pétersbourg,
conclue entre Sa Majesté Impériale et Sa Majesté le roi
de Suède, signée le 21 juillet dernier.*

Pour éviter toute équivoque et tout malentendu
sur ce qui doit être qualifié de contrebande, S. M.
Impériale de toutes les Russies, et S. M. le roi de

Suède, déclarent qu'elles ne reconnoissent pour telles que les marchandises comprises sous cette dénomination dans les traités qui subsistent entre leurs dites Majestés et l'une ou l'autre des puissances belligérantes : S. M. I. de toutes les Russies se référant nommément à cet égard aux art. X et XI de son traité de commerce avec la Grande-Bretagne. Elle en étend les obligations, entièrement fondées dans le droit naturel, aux couronnes de France et d'Espagne, qui n'ont point été liées jusqu'ici avec son empire, par aucun engagement formel, purement relatif au commerce. S. M. le roi de Suède, de son côté, se rapporte aussi nommément à l'art. XI de son traité de commerce avec la Grande-Bretagne, et à la teneur du traité de commerce conclu entre les deux couronnes de Suède et de France en 1741. Et quoique dans ce dernier la définition de la contrebande ne se trouve pas nommément expliquée, cependant comme les deux royaumes y ont stipulé de se regarder réciproquement comme *gens amicissima*, et qu'au reste la Suède s'y est réservé les mêmes avantages dont jouissent en France, d'ancien droit, les villes anséatiques ; avantages solemnellement confirmés par les traités d'Utrecht, le roi n'a rien à y ajouter. Vis-à-vis de l'Espagne, le roi se trouve dans le même cas que l'impératrice, et, à son instar, il étend à ladite couronne les obligations des susdits traités, entièrement fondés dans le droit naturel.

E.

E.

Copie de la déclaration, par laquelle Sa Majesté le roi de Suède accède à la convention conclue entre S. M. l'impératrice de toutes les Russies et S. M. le roi de Danemarck, et signée à Copenhague le 9 juillet, n. st. 1780.

Gustave, par la grace de Dieu, roi de Suède, des Goths et des Vandales, etc., héritier de Norvège, duc de Slesvic, Holstein, de la Stormarie et du Ditmarsen, comte d'Oldenbourg et de Delmenhorst, etc. Faisons savoir : Qu'ayant été invités d'accéder, comme partie principale contractante, à la convention conclue et ratifiée le 9 juillet de l'année présente à Copenhague entre S. M. l'impératrice de toutes les Russies et S. M. le roi de Danemarck, parfaitement semblable à la convention conclue entre nous et sa dite M. Impériale, signée à Saint-Pétersbourg le $\frac{\text{21 juillet}}{\text{1 d'août}}$ de l'année présente, et ratifiée par nous le 9 septembre suivant, nous certifions formellement par cette présente déclaration, comme quoi, ayant également à cœur le maintien de la liberté générale du commerce et de la navigation neutre, et étant animés à cet égard des mêmes sentimens que leurs dites Majestés, nous accédons dans la meilleure forme, comme partie principale contractante, à la susdite convention, et nous nous engageons pour nous et pour nos successeurs, à toutes les stipulations contenues dans les clauses et articles, ainsi que dans les six articles séparés qui s'y trouvent joints, et auxquels nous accédons également dans toute leur forme et teneur. Nous nous attendons que S. M. I. de toutes les Russies, et S. M. le roi de Danemarck, déclareront également par un acte formel d'avoir reçu et accepté cette notre déclaration, et nous reconnoîtront comme partie principale contractante relativement à ladite convention. Et comme S. M. le roi de Danemarck, après avoir été également invité, a aussi accédé de la même manière et dans le même sens à la convention exactement semblable, conclue entre nous et S. M. l'impératrice de toutes les Russies, et signée à Saint-Pétersbourg le $\frac{21 \text{ juillet}}{1 \text{ d'août}}$ de l'année présente, nous déclarons solemnellement que nous acceptons son accession, et que nous reconnoissons S. M. Danoise comme partie principale contractante de cette convention, et des six articles séparés qui y sont joints.

C'est en foi de quoi nous avons signé ce présent acte d'accession de notre propre main, et que nous l'avons fait munir de notre sceau royal.

Fait et donné à Spa, le 9 septembre 1780.

Signé :   GUSTAVE.

Et plus bas :   V. G. FRANC.

F.

*Copie de la déclaration, par laquelle S. M.
Danoiſe accède à la convention conclue
entre S. M. l'impératrice de toutes les
Russies et S. M. le roi de Suède, et signée
à Saint-Pétersbourg le $\frac{21\ juillet}{1\ d'août}$ 1780.*

Chrétien VII, par la grace de Dieu, roi de Danemarck, Norvège, des Vandales et des Goths, duc de Slesvic, Holstein, Stormarn, des Dithmarses et d'Oldenbourg, etc. etc. Faisons savoir : Qu'ayant été invités d'accéder, comme partie principale contractante, à la convention conclue et ratifiée le $\frac{21\ juillet}{1\ d'août}$ 1780 à Saint-Pétersbourg, entre S. M. l'impératrice de toutes les Russies et S. M. le roi de Suède, parfaitement semblable à la convention conclue entre nous et Sa dite M. I., et signée à Copenhague le 9 juillet 1780 ; nous certifions formellement, par cette présente déclaration, comme quoi, ayant également à cœur le maintien de la liberté générale du commerce et de la navigation neutre, et étant animés à cet égard des mêmes sentimens que leurs dites Majestés, nous accédons dans la meilleure forme, comme partie principale contractante, à la susdite convention, et nous nous engageons pour nous et pour nos successeurs à toutes les stipulations contenues dans ses clauses et articles séparés qui s'y trouvent joints, et auxquels nous accédons également dans toute leur forme et teneur. Nous nous attendons que S. M. I. de toutes les Russies, et S. M. le roi de Suède, déclareront également par un acte formel, d'avoir reçu et accepté cette notre déclaration, et nous reconnoîtront comme partie principale contractante, relativement à ladite convention ; et comme S. M. le roi de Suède, après avoir été également invité, a aussi accédé, de la même manière et dans le même sens, à la convention exactement semblable conclue entre nous & S. M. l'impératrice de toutes les Russies, et signée à Copenhague le 9 juillet 1780, nous déclarons solemnellement que nous acceptons son accession, et que nous reconnoissons S. M. Suédoise comme partie principale contractante de cette convention et des six articles séparés qui y sont joints.

C'est en foi de quoi, que nous avons signé ce présent acte d'accession et d'acceptation de notre propre main, et que nous l'avons fait munir du grand sceau de notre couronne.

Fait et donné à notre château royal de Frédensbourg, le 7me. jour du mois de juillet, l'an de grace mil sept cent quatre-vingt, et de notre règne le quinzième.

Signé: CHRISTIAN REX.

Et plus bas :   A. V. BERNSTORFF.

G.

Copie du projet de déclaration du roi, pour être remise aux puissances belligérantes, approuvé, et expédié par S. M. le roi de Suede aux cours de Versailles, Londres et Madrid, d'Aix - la - Chapelle, le 21 juillet 1780.

Depuis le commencement de la présente guerre, le roi a eu soin de faire connoître sa façon de penser à toute l'Europe. Il s'est imposé la loi d'une parfaite neutralité; il en a rempli les devoirs avec une exactitude scrupuleuse, et il a cru pouvoir jouir en conséquence des droits attachés à la qualité d'un souverain absolument neutre. Malgré cela, ses sujets commerçans ont été obligés de réclamer sa protection, et Sa Majesté s'est trouvée dans la nécessité de la leur accorder.

Pour remplir cet objet, le roi fit armer un certain nombre de vaisseaux de guerre dès l'année passée. Il en employa une partie sur les côtes de son royaume, et l'autre à servir à l'envoi des bâtimens marchands suédois dans les différentes mers où le commerce de ses sujets les faisoit naviguer. Il fit part de ces mesures aux puissances belligérantes, et il se préparoit à les continuer dans le courant de cette année, lorsque d'autres cours, qui avoient également adopté la neutralité, lui firent part des dispositions où elles se trouvoient, conformes à celles du roi et tendantes au même but. L'impératrice de Russie fit remettre une déclaration aux cours de Londres, de Versailles et de Madrid, par laquelle elle les instruisit de la résolution où elle étoit de défendre le commerce de ses sujets et le droit universel des nations neutres. Cette déclaration portoit sur des principes si justes du droit des gens et des traités subsistans, qu'il ne parut pas possible de les révoquer en doute. Le roi les a trouvés entièrement d'accord avec sa propre cause, avec les traités conclus en 1666 entre la Suède et l'Angleterre, et celui de la France et la Suède en 1711; et Sa Majesté n'a pu se refuser de reconnoître et d'adopter les mêmes principes, non-seulement par rapport aux puissances avec lesquelles lesdits traités sont en vigueur, mais aussi par rapport à celles qui se trouvent déjà impliquées dans la présente guerre, ou qui pourront le devenir par la suite, et avec lesquelles le roi est dans le cas de n'avoir point de traité à réclamer. C'est la loi universelle; et au défaut des engagemens particuliers, celle-là devient obligatoire pour toutes les nations.

En conséquence, le roi déclare actuellement de nouveau qu'il observera à l'avenir la même neutralité, et avec la même exactitude qu'il a fait par le passé. Il défend à ses sujets, sous de grièves peines, de s'écarter en manière quelconque des devoirs que leur impose une pareille neutralité; mais il protégera leur commerce légitime par tous les moyens possibles, lorsqu'ils le feront conformément aux principes ci-dessus mentionnés.

H.

Mémoire de la cour de Suède pour celle de la Russie.

Lorsque la république des Provinces-Unies des Pays-Bas résolut de prendre part à la neutralité armée, par son accession aux conventions maritimes des puissances du Nord, elle jouissoit elle-même d'une parfaite neutralité, et rien ne s'opposoit à l'accomplissement d'un ouvrage qui fut porté à sa perfection par un acte d'accession et d'acceptation, signé à Saint-Pétersbourg le 21 décembre passé, v. st.

Par cette accession la république s'engagea dans la cause commune des puissances neutres, et acquit comme telle des droits aux secours des autres puissances avec lesquelles elle devoit partager les obligations et les avantages, conformément à la teneur des conventions faites l'année passée entre la Suède, la Russie et le Danemarck.

Mais la république ne put pas conserver long-tems la qualité sous laquelle elle avoit contracté ces engagemens. L'Angleterre lui déclara la guerre, et força la république de sortir de la classe des puissances neutres, pour se ranger parmi les puissances belligérantes; tout cela se passa avec une rapidité si prodigieuse, que les ambassadeurs furent rappelés de part et d'autre, des lettres de marque expédiées, et plusieurs navires hollandais pris, avant que la nouvelle de l'accession faite à Saint-Pétersbourg pût arriver à la Haye.

Dans une position des choses si extraordinaire, il devint essentiel de la part des trois couronnes du Nord, de peser mûrement la nature de leurs engagemens vis-à-vis de la république, et de résoudre cette question avec une union et un concert des plus intimes. Le système adopté de la part de ces puissances, est un système de neutralité parfaite. Ce n'est qu'en suivant le système qu'elles ont le droit de faire librement leur commerce, qu'elles se sont engagées à le protéger et à le soutenir mutuellement. Sous ce point de vue, elles ont fixé les obligations et les secours qu'elles se doivent réciproquement. Leurs armemens maritimes se font en conséquence ; ils ne tendent à l'offense de personne. Les vaisseaux de guerre d'une nation neutre, les obligations et les avantages sont les mêmes de part et d'autre : mais il n'en est pas de même de leur part vis-à-vis d'une nation en guerre.

On ne sauroit concerter ses mesures, on ne sauroit agir en commun, sans sortir des bornes que prescrit une exacte neutralité, sans renverser le système sur lequel leur union et leurs engagemens sont fondés.

Malgré une différence si marquée entre la position des trois couronnes du Nord et celle de la république de Hollande, celle-ci s'est adressée à celles-là par des mémoires remis aux cours de Stockholm, de Saint-Pétersbourg et de Copenhague, et par lesquels les états-généraux des Provinces-Unies réclament une assistance prompte et efficace de la part de ces trois cours, en vertu de l'accession de la république aux conventions de Saint-Pétersbourg et de Copenhague, et en vertu des engagemens y contenus.

La principale raison sur laquelle la république fonde sa réclamation, consiste dans une combinaison des démarches dont la conduite de la cour de Londers a été marquée : on croit y voir clairement une résolution prise de ne point souffrir que la république accédàt aux conventions des puissances du Nord ; c'est en haine de cette accession que la république a été entraînée dans la guerre. C'est donc en conséquence des articles VII, VIII et IX des mêmes conventions, que les puissances qui ont accepté cette accession doivent venir au secours de la république.

Par la marche extraordinaire et violente qu'a tenue la Grande-Bretagne envers la république, par le soin extrême avec lequel lord Stormont a prévenu que la déclaration des états-généraux ne pût lui parvenir avant que la rupture ne fût annoncée au comte de Velderne par tout ce qui a précédé et suivi cet événement, on ne sauroit disconvenir du motif qui a déterminé la cour de Londres : mais elle n'a point allégué cette raison dans son manifeste ; elle ne parle que de faits antérieurs à la résolution même des états-généraux prise par rapport à l'accession. Et l'art. VI des conventions de Pétersbourg et de Copenhague porte, que les obligations des parties contractantes ne sauroient s'étendre aux choses passées avant la signature desdites conventions, c'est-à-dire, qu'elles ne peuvent pas avoir un effet rétroactif. Il est donc maintenant au choix des trois couronnes du Nord, ou d'adopter le raisonnement et les conséquences mises en avant par les états-généraux, ou bien de s'en tenir aux motifs annoncés dans la déclaration de guerre que la cour de Londres a fait publier. Dans le premier cas, il faut prendre part à la guerre en faveur de la république; dans le second, on peut décliner, si on le juge à propos, la réclamation faite, en envisageant la querelle de la république comme étrangère à la cause des neutres, comme ayant été motivée avant l'accession faite. Mais l'un et l'autre de ces partis semblent accompagnés de grands inconvéniens. Dans le premier cas, il faudroit renoncer aux avantages de la neutralité, au but glorieux qu'on s'est proposé en faisant l'association maritime; il faudroit se jeter dans toutes les horreurs, et souffrir toutes les pertes qui sont une suite naturelle de la guerre. Dans le second, on afficheroit une foiblesse frappante aux yeux de l'univers, et l'abandon total d'un état avec lequel on craint de se lier par des engagemens formels. Il reste donc entre ces parties extrêmes un moyen à prendre, ou, pour mieux dire, il y a un expédient à saisir; et c'est par celui-là qu'il semble qu'on doit commencer: reste encore à voir jusqu'où cela peut mener, et quel en sera l'effet. Cet expédient semble consister dans une déclaration, que les trois couronnes du Nord se croiroient autorisées à faire remettre à la cour de Londres, dont les termes devroient être concertés entre elles, et par laquelle on feroit part à S. M. Britannique que la république vient d'accéder à leurs conventions maritimes, qu'elles regardent la république sous cette qualité comme leur alliée, ayant la même cause à soutenir, les mêmes droits à défendre; que les trois couronnes du Nord ne veulent point s'ériger en juges des raisons qui ont porté S. M. Britannique à déclarer la guerre à la république, mais qu'elles avouent s'intéresser sincèrement au bonheur et au bien-être de cet état; qu'en conséquence de ces sentimens les cours alliées souhaitent que S. M. Britannique veuille bien ouvrir une voie de conciliation et d'accommodement entre elle et la république; que les trois cours emploieroient tous leurs bons offices, pour pouvoir terminer à l'amiable les différens survenus; qu'elles croiroient rendre un service essentiel à l'humanité, si elles pouvoient rendre cette conciliation générale; et qu'en attendant on souhaite que, tant de la part de l'Angleterre que de celle de la république, on veuille bien commencer par faire cesser les hostilités et remettre les choses dans l'état où elles étoient avant la rupture.

Suivant ce qu'on en conviendroit, on pourra faire cette démarche, soit verbalement, soit par écrit, mais séparément, par les ministres des trois cours résidens à Londres : ils devroient aussi se concerter entre eux du tems où les représentations communes se feroient, afin de donner plus de poids et plus de force à leurs

démarches ; et, si ce langage est appuyé par les armemens maritimes dont les couronnes du Nord sont
actuellement occupées, on doit croire que l'Angleterre y fera quelques réflexions sérieuses. Ce qu'il y a
de certain, c'est que la dignité de nos cours semble
exiger qu'elles fassent quelque chose en faveur de la
république, considérée comme leur alliée ; et ce qui
n'est pas moins nécessaire, c'est que cette démarche
porte aux yeux de l'Europe l'empreinte des motifs et
de la modération, tout comme celle de la fermeté qui
a caractérisé la conduite de nos cours jusqu'à présent.
On ne peut encore prévoir si le ministère anglais veut
entrer en négociation, ou s'il fait seulement semblant
de vouloir s'y prêter ; mais en tout cas on croit que
les ministres respectifs devroient en même tems être
instruits à ne se point départir de la proposition de
l'armistice, et que la république puisse en attendant
jouir de la liberté de commerce, au défaut de quoi ils
peuvent répondre qu'ils ne sont point autorisés à
écouter les propositions de l'Angleterre : mais, si ces
conditions sont accordées, ils prendront les propositions de cette cour *ad referendum*. On se concertera
avec la république sur les objets de ses demandes ;
on réduira le tout, entre les trois couronnes du Nord,
à ce qui se trouvera juste et raisonnable, et on tachera,
en agissant également en commun, de déterminer l'une
et l'autre des puissances intéressées à accepter les conditions. Si dans le courant d'une pareille négociation
on trouve moyen à lier la partie entre les autres puissances belligérantes, il faudra sans doute saisir l'occasion avec empressement, et tàcher de porter les choses

à une pacification générale, en constatant à la paix le code maritime général pour les neutres, adopté par nos cours, et dont l'établissement universel remplira les vœux de tout le monde, et portera la gloire des couronnes qui y ont concouru, à son comble.

Stockholm, ce 17 février 1781.

I.

Traduction du rescript adressé à Monsieur le comte de Moussin-Pouschkin, en 1781.

Vos rapports et les communications du baron de Nolken, ministre de Suède, nous ont instruits presque à la fois, tant des dispositions de la cour de Stockholm, relativement à la guerre qui s'est allumée entre les deux puissances maritimes, que du désir de S. M. Suédoise de connoître nos propres sentimens à cet égard. Accoutumés de payer d'un parfait retour la confiance de nos alliés, nous nous éloignons encore moins de cette règle dans les circonstances présentes, où la considération de nos engagemens respectifs, par rapport à la neutralité armée, doit exciter au même degré notre attention et notre intérêt. En conséquence vous êtes autorisé à vous expliquer confidentiellement avec le comte Scheffer, afin qu'il en fasse part à son maître, qu'aussitôt que nous avons appris le départ brusque du chevalier d'Yorck de la Haye, nous nous sommes empressés de faire les représentations les plus fortes à la cour de Londres, pour l'empêcher de se porter à des hostilités effectives. Nous ignorions encore qu'elles devoient suivre immédiatement le départ de son ambassadeur. Nous en étant convaincus quelques jours après, et ayant senti l'inutilité de toute démarche tendante à les prévenir, nous avons songé à de nouvelles mesures plus adaptées au tems et aux circonstances, et capables d'éteindre le feu de la guerre dans sa naissance. Nous avons été animés à cela par un double motif, celui de l'humanité souffrante, de l'effusion du sang innocent, et celui de l'intérêt des nations neutres par rapport à leur commerce avec les belligérantes. Quoiqu'après la réquisition formelle faite par le roi d'Angleterre de notre médiation, conjointement avec l'empereur des Romains, pour sa pacification avec les cours de France et d'Espagne, il y ait eu quelque apparence à l'ouverture des négociations de paix; cependant, comme il falloit du tems pour s'expliquer là-dessus avec ces deux couronnes, et en recevoir le consentement réciproque, nous avons jugé à propos de prendre une voie plus courte pour réconcilier l'Angleterre et la Hollande entre elles, en leur offrant pour cet effet notre médiation séparée. Notre intention là-dedans étoit d'écarter de leur raccommodement particulier tout objet de discussion qui leur seroit étranger, et surtout la question de l'indépendance des Américains, qui y auroit apporté la principale difficulté. Les états-généraux ont reçu notre offre avec reconnoissance et empressement d'en profiter, ainsi que vous le verrez par la pièce ci-jointe. L'Angleterre au contraire a déclaré vouloir renvoyer sa réconciliation avec la république à la future négociation générale de paix sous la médiation réunie des deux cours impériales. A l'époque de son existence, nous ne manquerons pas de travailler, tant par nous-mêmes, qu'en intéressant également S. M. l'empereur en faveur de la république de Hollande, afin qu'elle soit comprise au moins dans la pacification générale. Après en avoir donné des assurances aux états-généraux, nous leur avons promis en même tems de nous concerter amicalement avec nos alliés sur un nouvel effort que nous employerons en commun et unanimement auprès de la cour de Londres, pour la résoudre à la modération et à l'amour de la paix.

Nous avons d'autant moins balancé de donner ces assurances à LL. HH. PP., que nous avons rencontré dans le mémoire du 17 février, communiqué par le baron de Nolken, et dont on joint ici une copie pour votre information, une détermination décidée de la part de S. M. Suédoise à une pareille démarche. Tout le contenu de ce mémoire atteste d'un côté la profonde pénétration de ce prince, et de l'autre l'accord parfait de sa façon de penser avec la nôtre. *A la vérité, les tems et circonstances dans lesquelles la Grande-Bretagne a attaqué son ancienne alliée, la république de Hollande, indiquent assez que la véritable cause de son agression gît dans l'accession des états-généraux à nos conventions maritimes, d'autant plus que par là elle mettoit parfaitement à couvert sa navigation et l'industrie commerçante de ses sujets, exercée pour la plupart en faveur des ennemis de l'Angleterre.*

Mais, d'un autre côté, il n'est pas moins vrai que la **rupture** effective a précédé l'accession formelle de

LL. HH. PP. aux conventions de Copenhague et de Pétersbourg, et que les motifs qui ont été déclarés sont antérieurs et tout-à-fait étrangers à la cause des alliés de la neutralité armée. Dans la première partie de ce raisonnement, les articles VII, VIII et IX sont tout-à-fait favorables aux Hollandais; mais l'art. VI nous affranchit en termes non moins clairs de toute participation à leur guerre avec l'Angleterre. Une différence aussi essentielle dans les stipulations de ces conventions, laisse aux trois cours alliées la liberté de prendre le parti le plus avantageux et le plus analogue à leur intérêt.

Rien n'est mieux fondé ni plus sage que l'appréciation de ce choix délicat adopté dans le mémoire suédois; on y a discuté et montré sous leur vrai point de vue les inconvéniens de chaque parti, en indiquant le meilleur moyen de s'en garantir. En admettant ce moyen, qui est celui de l'observation de la neutralité, pour règle de la conduite des trois cours alliées dans la nouvelle guerre des puissances maritimes, nous n'avons pas manqué d'informer de bonne heure les cours de Stockholm et de Copenhague des ordres que nous avons fait expédier à nos commandans sur mer, de regarder la république des Provinces-Unies comme une puissance neutre à l'égard des deux branches de la maison de Bourbon, et belligérante avec l'Angleterre. En supputant le tems, nous nous attendons à apprendre bientôt de vous et du conseiller d'état, le sieur Sacken, que les rois, nos alliés, ont aussi donné dans leurs états des ordres semblables, afin que toutes nos actions et toutes nos démarches

soient

soient en tout et partout parfaitement uniformes , et attestent entre nous cette intime liaison qui doit enfin légitimer dans les siècles à venir le système bienfaisant de la navigation marchande neutre.

Après avoir assuré ce que nous devons au bien de nos états, préférablement à tout intérêt étranger, nous ne nous éloignerons pas, comme nous l'avons dit ci-dessus, d'employer en faveur de la république de Hollande tous les moyens combinables avec ce premier de nos devoirs. En conséquence, nous adhérons volontiers à l'idée de S. M. suédoise de faire, au nom commun des trois cours alliées, une représentation convenable à celle de Londres. *Dans le mémoire suédois, il est question d'une déclaration: mais celle-ci, par sa nature, peut nous entraîner au-delà de nos intentions; au lieu que la forme d'une simple insinuation verbale, qui exprimera la même chose et avec la même force, ne peut engager à rien contre gré et désir.* Cette observation , aussi simple qu'essentielle , n'échappera pas à la pénétration du comte de Scheffer, avec lequel vous avez à convenir, tant sur les termes dans lesquels cette représentation sera conçue, que sur le tems auquel elle sera faite à Londres, et la manière dont nos ministres respectifs à cette cour doivent s'en acquitter. Nous n'aurions fait aucune difficulté d'adopter les propres termes proposés dans le mémoire sus-mentionné, les trouvant aussi modérés qu'analogues au but de cette démarche, si les circonstances, qui sont devenues maintenant notoires à la cour de Stockholm, ne nous paroissoient demander quelques changemens. Pour cet effet, vous trouverez ci-annexé un nouveau projet de représentation et de déclaration, dont vous ferez part au comte de Scheffer, en lui disant que nous estimons que, pour être mieux saisie par le ministere anglais, elle peut lui être remise par écrit; *toutefois à condition qu'elle ne soit regardée que comme une insinuation verbale.* Nous ne contesterons point si la cour de Suède ou celle de Danemarck, par des considérations qui peuvent leur être propres, se servent d'autres termes ou d'un autre style. Il suffit que le fond des choses soit le même, et que par là le conseil salutaire des trois souverains s'attire une attention d'autant plus grande de la part des ministres anglais.

Les discours et la conduite de ces derniers dénotent assez qu'il n'y a que la crainte d'engager leur patrie dans une guerre avec toute l'Europe, et celle de les exposer à en rendre un compte personnel, qui puisse les déterminer à entendre à une paix raisonnable. Il seroit sans doute utile, pour les rendre plus traitables, d'entretenir et de nourrir cette crainte en eux. Il s'offre pour cela un moyen aussi efficace que peu dispendieux dans la circonstance, où tous les souverains tiennent prête et armée une partie considérable de leurs forces maritimes. Que les escadres suédoise et danoise établissent pour un tems leur croisière au-delà du Sund: nous tiendrons, de notre côté, une escadre dans la Méditerranée, et une autre dans la mer Glaciale, afin de la mettre, à l'exemple de l'année précédente, en sûreté contre les armateurs étrangers; et comme, pour seconder ce double équipement, nos escadres qui ont hiverné l'année dernière à Livourne et à Lisbonne, doivent retourner incessamment, ou retournent déjà en effet dans la Baltique, nous présenterons de cette manière à la fois un armement très - respectable dans différentes mers. La possibilité de la réunion en un seul point des escadres russes, suédoises et danoises, au premier ordre de leurs souverains, en imposera sans doute à toutes les puissances belligérantes, et assurera en même tems la navigation marchande de nos sujets respectifs. Ainsi cette jonction, sans être même effectuée, procurera aux trois cours un avantage très-grand et très-réel.

En communiquant au sieur Sacken ce rescript en extrait, nous lui avons enjoint de s'expliquer sur son contenu avec le ministre danois, et de nous rendre compte sans délai de ce qui en résultera. Il a ordre de vous en informer directement, afin de gagner par là du tems, le plus qu'il sera possible, pour mettre en exécution les mesures connues et unanimes, qui seront arrêtées entre nous, et nous trouver en état de munir notre ministre à Londres d'instructions nécessaires et suffisantes, ensemble avec celles que nos alliés administreront à leurs ministres à la même cour. Nous joignons ici la copie du rescript expédié au sieur Sacken ; vous en ferez part au ministre suédois, et vous insisterez auprès de lui, pour que sa cour entre de son côté en communication directe avec celle de Copenhague, afin de gagner également du tems. Comme nous sommes fort éloignés de gêner, dans une cause qui nous est commune, la volonté et les intentions des rois nos alliés, vous ne manquerez pas, sur les ouvertures du ministère suédois, de discuter avec lui les sentimens propres de sa cour, et de recevoir *ad referendum* toutes les propositions qui vous seront faites de sa part, en l'assurant d'avance que nous y apporterons tous les égards et toute la déférence qui dépendront de nous.

K.

Extrait d'une lettre du comte de Panin au ministre de Russie à Copenhague, le Sr. de Sacken.

1°. Qu'après les ratifications échangées par le ministre russe, l'envoyé de Suéde et le chargé d'affaires de Danemarck, les ordres ont été donnés aux ministres de l'impératrice à Madrid et à Paris, de remettre, conjointement avec les ministres de Danemarck, de Suéde et de Hollande, la note dont on est convenu, pour déclarer l'accession de la république de Hollande, de la même manière qu'on l'a fait avec les deux conventions de Copenhague et de Saint-Pétersbourg.

2°. Que M. de Simolin a ordre d'exécuter la même commission avec les ministres de Danemarck et de Suéde, et d'y ajouter ensuite de bouche, ou par écrit, si le ministre anglais l'exigeoit. qu'à l'occasion de la rupture survenue entre la couronne de la Grande-Bretagne et la république des Provinces-Unies, vu que les motifs déclarés par la première, qui y ont donné lieu, sont entièrement étrangers, et n'ont rien de commun avec la convention, l'impératrice avoit ordonné à son amirauté de regarder la république de

Hollande comme une puissance neutre vis-à-vis des deux cours de Bourbon, et comme belligérante vis-à-vis de celle de l'Angleterre ; qu'elle est convaincue que cette démarche sera reçue de la cour d'Angleterre comme une nouvelle preuve de l'impartialité et de l'innocence de son alliance, qui renfermant seulement la protection du commerce et les droits des nations neutres, ni elle ni ses alliés n'ont le dessein de la changer en des démarches offensives, aussi long-tems que ni elle ni eux n'y seront forcés par la haine pour leurs principes, et par les tentatives efficaces de les contrecarrer ; que l'impératrice ne se flattoit pas moins que la cour de Londres, par sa bonne volonté à terminer les différens survenus entre elle et une puissance depuis long-tems son amie et son alliée, rendra justice à l'amitié de l'impératrice pour elle, et éloignera tous les soupçons, comme si parmi les motifs de sa rupture le principal avoit été celui de l'empressement de la république à accéder à l'alliance de la neutralité.

Les ordres donnés à l'amirauté impériale, en lui communiquant l'acte d'accession de la république, ainsi que l'acte séparé, sont de la teneur suivante :

1°. Que les vaisseaux marchands hollandais doivent être traités par les escadres, vaisseaux de guerre et frégates séparées, sur le même pied que les vaisseaux danois et suédois, selon le contenu de l'ordonnance du 19 octobre 1780, puisque la république des Provinces-Unies est devenue actuellement partie principale et immédiate dans tous les droits, prérogatives et obligations des deux conventions maritimes de Copenhague et de St. Pétersbourg.

2°. Que cette règle générale a cependant ses exceptions à l'occasion de la guerre entre la république et la Grande-Bretagne, qui l'a attaquée avant la signature de son acte d'accession aux deux conventions, en alléguant pour cette rupture des motifs tout-à-fait étrangers, qui n'ont rien de commun avec cette convention.

3°. Qu'en considération de cet événement important, où la neutralité n'existe plus, l'impératrice ni ses alliés, les rois de Danemarck et de Suède, ne sont obligés de prendre une défense efficace du commerce et de la navigation des Hollandais contre les Anglais.

4°. Qu'en revanche cet engagement subsiste dans toute son étendue contre les Français et les Espagnols, avec qui les Hollandais ont des conventions et des stipulations détaillées touchant la contrebande, qui doivent aussi naturellement servir de règle pour la conduite des commandans des vaisseaux; pour lequel effet on communique à l'amirauté copie de ces conventions et des autres papiers de mer, qui constatent la propriété des vaisseaux hollandais, etc.

5°. Qu'on a communiqué également à l'amirauté, pour sa connoissance, une copie de l'article séparé explicatif, conclu entre les cours de Danemarck et d'Angleterre.

L.

Précis de la réponse que Son Exc. M. le comte de Panin a donnée au baron de Nolken, ministre de Suede, sur les cinq points d'explication qu'il a demandés.

Au premier point, que la protection doit se donner pour tout vaisseau de guerre appartenant à l'une ou à l'autre des puissances signées, à tout vaisseau marchand qui produit des documens clairs et nets de n'avoir à son bord aucune marchandise de contrebande.

Au second point, que chaque puissance signée protégera indistinctement le commerce de l'autre; mais que, pour faciliter cette protection réciproque, on se concertera sur de certains parages ou stations, où les escadres de chaque puissance signée aient à se tenir, et qui seront fixées de façon que les escadres puissent former comme une chaîne, pour pouvoir, en cas de nécessité, se prêter les mains les unes aux autres.

Au troisième point, si les escadres viennent à se rencontrer, elles se donneront mutuellement tous les secours d'amitié, et le salut sera donné comme de coutume.

Au quatrième, c'est le ministre de la puissance lésée, qui doit faire des représentations contre les griefs des procédés des armateurs; lesquelles représentations seront appuyées de la manière la plus forte et la plus efficace par les ministres de toutes les autres puissances.

Au cinquième, dans le cas qu'une des puissances signées de son chef entreprendroit des hostilités, ou alloit se déclarer pour quelqu'une des puissances en guerre, elle sera *ipso facto* exclue de la ligue. Si par contre quelqu'une des puissances en guerre, par quelque animosité particulière contre une des puissances signées, insultoit son pavillon ou commettoit des hostilités, on se concerteroit pour prendre les mesures les plus efficaces pour faire respecter ses démarches.

M.

Extrait.

Je mets pour base de toutes nos opérations une grande flotte stationnée dans la Manche, et alors je crois que la méthode que l'on suivra à la cour où vous êtes, sera la suivante:

1°. Avant toutes choses, la grande flotte stationnée, comme ci-dessus, on se concertera avec les puissances contractantes sur le nombre des vaisseaux à livrer, et sur tout ce qui y a rapport.

2°. On fera agréer au plutôt les points de la déclaration russe au roi de Prusse et à l'empereur.

3°. Si la paix ne se fait pas cet hiver, et que la guerre continue l'été qui vient, le sage et prudent comte de Panin ne manquera pas, aussitôt que la flotte aura pris sa station, de faire des instances fortes et sérieuses près de la cour de Londres, pour

qu'elle se déclare en conformité avec celles de Versailles et de Madrid ; car il est constant que la cour
de Londres ne vise qu'à éluder les efforts et le plan
de la Russie, à gagner du tems, et à profiter d'un
moment heureux pour prendre sa revanche. Vous me
demandez, Monsieur, pourquoi je pense que l'impératrice a de telles vues? Parce que, dis-je, la
Russie fait mine de vouloir mettre une grande flotte
en mer, et qu'une bien médiocre suffit pour garantir
la navigation neutre. L'objet en vaut bien la peine,
si le dessein est de faire servir l'embarras de l'Angleterre au bien de l'humanité. .

4°. Je pose que la Grande-Bretagne se refusera
à ce système d'équité: alors il faut en venir aux
menaces, aux démonstrations, aux représailles et à
tous les moyens désagréables qui justifieront des vues
aussi bénignes que grandes; jamais, je crois, ils ne
s'obstineront contre une flotte de 50 vaisseaux.

5°. Ce point gagné par un coup imprévu et de
vigueur, il ne reste que la rédaction du code maritime, qui ne se fera jamais avec plus d'impartialité
que sous les yeux de la bienfaitrice de l'Europe, et
par la direction de son grand ministre. Ce code
passera en loi un jour, à la pacification. En attendant, une flotte moins nombreuse sera suffisante pour
surveiller les Anglais et les Espagnols, et faire que
ces deux nations respectent ces points de la déclaration. Je crains les Anglais et l'incertitude de l'avenir;
je ne crois pas aux convois, ni aux forces dispersées,
ni à un concert durable des puissances alliées. Il faut
battre le fer pendant qu'il est chaud. L'impératrice

à la tête, on fait tout, on obtient tout. Ses menaces seules firent la paix de Teschen.

Mais il sera question d'un équipement plus grand pour l'année qui vient ; je vous prie de faire en sorte que la proposition nous en vienne dans le mois de novembre.

N.

Note.

Le roi a appris, avec la satisfaction la plus parfaite, le désir de S. M. Prussienne de prendre une part directe au système bienfaisant de neutralité, dont les principes, puisés dans le droit primitif des nations, se trouvent exposés dans la déclaration de S. M. l'impératrice de Russie, en date du 23 février 1785 ; et que, pour contribuer à leur donner une base plus stable, S. M. Prussienne s'est résolue de les garantir par un acte formel, conclu à cet effet avec S. M. Impériale, dont le roi a reçu la communication amicale, qu'il a plu à S. M. Prussienne de lui en faire, avec la reconnoissance la plus sincère.

Pénétré de l'équité et de la justice de ces mêmes principes, le roi les a établis et réclamés lui même dans la déclaration qu'il a fait remettre le 8 juillet 1780 aux cours belligérantes ; et S. M. a conclu la convention maritime, signée à Copenhague le 9 juillet de la même année, avec S. M. l'impératrice de toutes les Russies, dont elle fait ici la communication avec plaisir à S. M. Prussienne. Ces principes étant les seuls capables d'établir la sûreté du commerce et de la navigation des nations neutres, le roi ne peut que désirer fortement de les voir solemnellement reconnus par toutes les puissances de l'Europe, et, par un effet de ce désir, sentir vivement toute l'importance de les voir adoptés par S. M. Prussienne.

Rien ne seroit ainsi plus conforme au désir de S. M. que d'apprendre qu'il seroit agréable à S. M. Prussienne d'accéder à cette convention, telle qu'elle a été conclue entre les deux cours de Danemarck et de Russie ; et en ce cas S. M. porteroit, de son côté, toutes les facilités possibles à s'arranger sur ce qui concerne les stipulations à substituer, de la part de S. M. Prussienne, à celles que contiennent les articles IV et V de cette convention, qui sont ceux qui établissent la protection mutuelle que les hautes parties contractantes se promettent, et, en déterminant expressément les efforts communs et les secours réciproques auxquels elles s'engagent, serrent le nœud de cette alliance de la manière la plus naturelle, en faisant partager à chacune ce qu'il y a d'essentiel dans les obligations ainsi que dans les avantages de leur union.

Jamais objet plus important ni plus glorieux n'a été le but d'une alliance, que celui qui étoit l'ame des résolutions de S. M. l'impératrice de toutes les Russies, lorsqu'elle proposa aux autres puissances du Nord cette convention respectable, qui doit produire un jour le code maritime que cette grande princesse a promis à l'univers ; c'est la conservation des droits les plus chers, les plus précieux à l'humanité, que cette alliance a en vue. Et qui seroit plus capable

de les avancer, qu'un souverain d'une sagesse si consommée que S. M. Prussienne, et dont l'influence
sur les affaires de l'Europe est si étendue, et l'amitié
si justement recherchée ?

C'est là ce que le roi a ordonné au soussigné de répondre à la note remise par M. de Bismarck, en date
du 15 d'avril.

Du département des affaires étrangères du roi.

A Copenhague, le 1er. décembre 1781.

Signé :   Rosencrone.

O.

Copie d'une réponse de la cour de Suède au ministre du roi de Prusse à Stockholm.

Le roi ayant eu part de l'acte passé le 8 de mai de
la présente année, entre les cours de St. Pétersbourg
et de Berlin, a senti avec une satisfaction extrême
combien le système bienfaisant de la navigation et du
commerce des nations neutres alloit gagner d'affermissement par les liens que S. M. Prussienne venoit
de contracter, et par lesquels elle s'engage au maintien des principes qui ont déjà été adoptés et généralement annoncés de la part du roi et de ses alliés.

S. M. n'a pas eu moins de satisfaction, en appre-
nant que S. M. Prussienne étoit dans l'intention d'é-
tendre les mêmes engagemens, en les rendant

communs avec ceux de S. M. Et comme on ne sauroit rien ajouter à la convention maritime qui a été conclue à St. Pétersbourg, les 21 juillet et 1 d'août de l'année passée, entre les cours de Suède et de Russie, S. M. seroit très-aise s'il plaisoit à S. M. Prussienne d'accéder à ladite convention ; auquel cas S. M. porteroit de son côté toutes les facilités possibles à s'arranger sur ce qui concerne les stipulations à substituer, de la part de S. M. Prussienne, à celles que contiennent les articles Nᵒ. V de cette convention ; ce sont ceux qui établissent la protection naturelle que les alliés se promettent ; et les nœuds de cette alliance ne sauroient être plus fortement resserrés, qu'en déterminant expressément les secours réciproques auxquels les hautes parties contractantes s'engagent, et en faisant ainsi partager à chacune ce qu'il y a d'essentiel dans les obligations, ainsi que dans les avantages de leur union.

Si la conservation des droits les plus chers et les plus précieux de l'humanité a fait l'unique objet des conventions conclues entre les puissances du Nord : si elles croient nécessaire de donner tous leurs soins à l'établissement d'un code maritime qui fixera à l'avenir les droits en faveur de toutes les nations neutres, rien ne peut être plus conforme à des vues si grandes, si glorieuses, que lorsque S. M. Prussienne y employera également l'influence qu'elle s'est acquise à si juste titre dans les affaires de l'Europe. Rien ne peut être plus conforme au désir du roi, que de multiplier les liens qui l'attachent déjà à S. M. Prussienne. C'est ce que le soussigné a eu ordre de répondre à la note remise par M. de Kelus, en date du 20 d'avril de cette année.

Fait à Stockholm, le 5 décembre 1781.

Signé : LE COMTE DE SCHEFFER.

P.

Copie d'une note remise au baron de Kelus, par S. E. M. le comte de Scheffer, le 2 mai 1782.

LE roi, en accordant, l'année passée, aux sujets commerçans de S. M. la protection que ce monarque témoignoit désirer pour la sûreté de leur commerce et navigation, avoit dès lors saisi avec une véritable satifaction cette occasion, pour prouver en même tems et son attachement aux principes sur la navigation libre des neutres qu'il a constamment suivis, et ses sentimens personnels de considération et d'amitié pour S. M. le roi de Prusse. Ensuite S. M. ayant été invitée d'accéder à l'acte passé à St. Pétersbourg, le 8 mai 1781, entre S. M. Prussienne et S. M. l'impératrice de Russie, il ne pouvoit être question que de choisir la manière la plus simple et la plus naturelle aux liens que S. Majesté alloit contracter ; et en conséquence le roi fit proposer à S. M. le roi de Prusse d'accéder à la convention maritime, conclue précédemment, et dès l'année 1780, entre le roi et S. M. l'impératrice de Russie, en observant ce que la disposition différente des deux royaumes pouvoit exiger de différent dans les engagemens à prendre.

Mais S. M. le roi de Prusse ayant fait connoître dans une seconde note, remise au soussigné par son envoyé extraordinaire, M. le baron de Kelus, qu'elle désiroit pour des raisons y alléguées, préférablement à tout, que le roi accédat a l'acte sus mentionné du 8 mai 1781, S. M. a cru ne devoir consulter que son amitié pour sa dite Majesté, ainsi que l'avantage qui doit résulter pour le système de la liberté du commerce des neutres, par le concours d'un prince dont le crédit et la considération sont si universellement établis; et en conséquence le roi a ordonné au soussigné de faire part à M. le baron de Kelus, en réponse à sa note du 23 du mois de février, que le roi a résolu de se prêter aux désirs de S M. Prussienne. En conformité de quoi, il doit également informer M. le baron de Kelus, que le baron de Nolken, envoyé extraordinaire du roi à la cour de St. Pétersbourg, recevra incessamment ordre d'accéder par des déclarations formelles de S. M. à l'acte conclu dans cette ville, le 8 mai de l'année passée; et par une suite de la confiance et de l'amitié qui subsistent entre les cours, le soussigné a l'honneur de joindre ici des copies des déclarations que le baron de Nolken sera chargé de remettre, d'une part au ministère de S. M. Impériale de toutes les Russie, et de l'autre à M le comte de Gœrtz, envoyé extraordinaire de S. M. Prussienne, résidant à ladite cour : s'attendant que de part et d'autre on remettra audit baron de Nolken les actes d'acceptation qui seront trouvés nécessaires, pour porter cet ouvrage si salutaire à sa perfection.

S. M. éprouve un plaisir d'autant plus parfait à remplir en cette occasion les désirs du roi, son oncle, qu'elle espère que ce nouveau nœud contribuera à resserrer les liens de l'amitié qui unissent déjà par tant de titres les deux souverains.

Q.

Projet de déclaration, servant d'acte d'accession au traité conclu à St. Pétersbourg entre S. M. le roi de Prusse et S. M. l'impératrice de toutes les Russies, le 8 mai 1781.

Chrétien VII, par la grace de Dieu, Roi de Danemarck et de Norvege, etc. Savoir faisons, qu'ayant eu à cœur, depuis le commencement de la présente guerre maritime, de maintenir la liberté du commerce et de la navigation, et nous étant toujours sérieusement occupés d'un projet aussi salutaire, tant en accordant une protection efficace au commerce de nos sujets, qu'en formant, avec plusieurs autres puissances neutres, animées des mêmes sentimens que nous, des engagemens tendant à établir la liberté des mers, fondée dans le droit des gens et des nations, nous n'avons pu apprendre qu'avec un véritable plaisir le désir que S. M. le roi de Prusse a marqué de contribuer à l'affermissement d'un ouvrage aussi glorieux

qu'utile

qu'utile à toute l'Europe. Notre satisfaction a été d'autant plus parfaite, que nous avons vu, par la communication amicale qui nous a été faite de l'acte passé entre S. M. le roi de Prusse et S. M. l'impératrice de toutes les Russies, le 8 mai de l'année 1781, pour le maintien de la liberté du commerce et de la navigation neutre, que les principes sur lesquels cet acte est fondé sont à tous égards entièrement conformes à ceux que nous avons précédemment établis, tant par la convention conclue entre nous et l'impératrice de Russie à Copenhague, le 9 juillet de l'année 1780, que par notre accession aux traités signés séparément par cette Souveraine, avec S. M. le roi de Suède et les états-généraux des Provinces-Unies, en date du 21 juillet et du 4 novembre 1780. C'est par une suite de ces mêmes sentimens, ainsi que de notre amitié constante et inviolable pour S. M. le roi de Prusse, qu'ayant été invités d'accéder, comme partie principale contractante, au susdit acte, nous déclarons et certifions par cette présente comme quoi nous accédons dans la meilleure forme, comme partie principale contractante, à l'acte conclu à St. Pétersbourg le 8 mai 1781; et nous nous engageons, pour nous et nos successeurs, à toutes les stipulations contenues dans ses clauses et articles, ainsi que dans les quatre articles séparés qui s'y trouvent joints, et auxquels nous accédons également dans toute leur forme et teneur; voulant et entendant que c'est notre acte d'accession et d'acceptation formelle, nous tenir engagés à défendre et à soutenir la liberté et la sûreté du commerce licite des sujets de S. M. le roi de Prusse, dans la même étendue dont nous soutenons et défendons celui de nos propres sujets.

Nous entendons en outre, dans le cas où quelqu'une des parties contractantes se verroit exposée à des violences ou autres inconvéniens, en haine du susdit acte et de notre présente accession, ou par une suite des principes contraires à ceux y établis, que nous nous concerterons incessamment, et que nous choisirons, conjointement avec le roi de Prusse, de même que nous nous sommes déjà engagés de le faire avec les autres puissances participantes dans le système de la liberté du commerce et de la navigation des neutres, les moyens les plus sûrs et les plus analogues à la position de chacun de nos royaumes, afin de faire obtenir à la partie lésée la justice et la satisfaction qui lui seront dues.

Finalement, nous attendons que S. M. le roi de Prusse déclarera également, par un acte formel, avoir reçu et accepté notre présente déclaration, nous reconnoissant ainsi comme partie principale contractante, relativement au susdit acte du 8 mai 1781; et qu'elle promettra de remplir pleinement et en tous points, à notre égard, tous les engagemens que nous venons de contracter par cette présente notre déclaration.

En foi de quoi, etc.

Projet de déclaration, servant d'acte d'accession au traité conclu à Saint Pétersbourg, entre S. M. l'impératrice de toutes les Russies et S. M. le Roi de Prusse, le 8 mai 1781.

LE roi, en accordant, l'année passée, aux sujets commerçans de S. M. Prussienne, la protection que ce monarque témoignoit désirer pour la sûreté de leur commerce et navigation, avoit dès lors saisi avec une véritable satisfaction cette occasion, pour prouver en même tems et son attachement aux principes établis sur la navigation libre des neutres, qu'il a constamment suivis, et les sentimens personnels de considération et d'amitié pour S. M. le roi de Prusse. Ensuite S. M. ayant été invitée d'accéder à l'acte passé à St. Pétersbourg, le 8 mai 1781, entre S. M. Prussienne et S. M. l'impératrice de Russie, il ne pouvoit être question que de choisir la manière la plus simple et la plus naturelle aux liens que S. M. alloit contracter; et en conséquence le roi fit proposer à S. M. le roi de Prusse d'accéder à la convention maritime conclue précédemment, et dès l'année 1780, entre le roi et S. M. l'impératrice de Russie, en observant ce que la position différente des deux royaumes pourroit exiger de différent dans les engagemens à prendre. Mais S. M. le roi de Prusse ayant fait connoître, dans une seconde note remise au soussigné par son envoyé extraordinaire, M. le chambellan de Bismarck, qu'elle désiroit par des raisons y alléguées, préférablement à tout, que le roi accédât à l'acte sus mentionné du 8 mai 1781, S. M. a cru ne devoir plus consulter que son amitié pour sa dite Majesté, ainsi que l'avantage qui doit résulter pour le système de la liberté du commerce des neutres par le concours d'un prince dont le crédit et la considération sont si universellement établis ; et en conséquence le roi a ordonné au soussigné de faire part à M. le chambellan de Bismarck, en réponse à la note du 21 février, que le roi a résolu de se prêter aux désirs de S. M. Prussienne : en conformité de quoi il doit également informer M. le chambellan de Bismarck, que M. de Schumacher, ministre résident du roi à la cour de St. Pétersbourg, recevra incessamment ordre d'accéder par des déclarations formelles de S. M. à l'acte conclu en cette ville, le 8 mai de l'année passée; et par une suite de la confiance et de l'amitié qui subsistent entre les deux cours, le soussigné a l'honneur de joindre ici des copies des déclarations que M. de Schumacher sera chargé de remettre, d'une part au ministère de S. M. Impériale de toutes les Russies, et de l'autre à M. le comte de Gœrtz, envoyé extraordinaire de S. M. Prussienne, résident à ladite cour : s'attendant que de part et d'autre on remettra audit M. de Schumacher les actes d'acceptation, qui seroient trouvés nécessaires, pour porter cet ouvrage si salutaire à sa perfection.

S. M. éprouve un plaisir d'autant plus parfait à remplir en cette occasion les désirs de S. M. Prussienne, qu'elle espère que ce nouveau nœud contribuera à resserrer les liens de l'amitié qui unissent déjà par tant de titres les deux souverains.

Du département des affaires étrangères du Roi.

A Copenhague, ce 2 mai 1782.

R.

Mémoire de S. M. le Roi de Suède, envoyé directement, et avec une lettre particulière, à S. M. l'impératrice de toutes les Russies.

Si les liens que le roi a eu la satisfaction de former avec S. M. l'impératrice de Russie, pendant le cours de la présente guerre, pour le soutien de la cause des neutres, ne peuvent lui être qu'infiniment chers pour les avantages réels et permanens que cette association doit produire pour toutes les nations, et par l'honneur de partager avec cette souveraine la gloire qui lui en résultera à si juste titre, ces mêmes liens ne sont pas moins précieux à S. M. par les occasions qu'ils lui fournissent de donner à S. M. l'impératrice, et de recevoir de sa part des marques de cette confiance entière, suite de l'intimité qui règne entre les deux souverains, autant que du parfait accord de leurs intérêts mutuels. Le roi en a reçu une nouvelle preuve par l'amitié que S. M. l'impératrice lui a faite de le consulter sur le parti à prendre à l'égard de la république de Hollande, dans la supposition qu'elle continueroit à décliner toute paix particulière avec l'Angleterre, quand même cette dernière puissance pourroit être engagée à en poser la base sur les principes de la neutralité armée, avoués et reconnus vis-à-vis de toutes les puissances neutres. S. M. ne croit pas pouvoir mieux marquer sa reconnoissance d'une confiance à laquelle elle a été si sensible, qu'en y répondant avec toute la sincérité que la véritable amitié exige, et qu'elle seule sait inspirer.

L'Europe entière a reconnu dans les démarches que S. M. Impériale a faites depuis la rupture de l'Angleterre avec la Hollande, pour rétablir la paix entre ces deux puissances, les sentimens qui animent toutes les actions de cette souveraine, son désir de procurer le bien de l'humanité en général, et celui de ses alliés en particulier. Le roi a suivi ces démarches, et y a applaudi avec l'intérêt qu'il prend toujours à tout ce qui touche la gloire de l'impératrice. Il a été persuadé que S. M. Impériale, envisageant l'état et la situation de la république de Hollande, a trouvé dans ce coup d'œil sûr avec lequel elle sait apprécier les choses, de nouvelles raisons qui auront augmenté le désir que la bonté de son cœur lui avait inspiré de travailler à une paix utile à l'Angleterre, mais nécessaire à la Hollande. En effet, il ne falloit que jeter les yeux sur la situation dans laquelle se trouvoit cette république, avant que l'Angleterre lui déclarât la guerre, pour se convaincre combien cet événement lui étoit désavantageux, et pourroit lui devenir fatal. Son état florissant, son commerce étendu et lucratif, fruits d'une longue paix autant que de son industrie naturelle, tout en un mot rendoit la guerre redoutable à une république indépendante, et jouissante des avantages qui lui étoient réservés dans les traités de commerce subsistans entre elle et les puissances belligérantes ; et dans cet état la rupture avec l'Angleterre étoit un véritable malheur pour la république, et il semble que le peu de solidité des raisons qui le lui attirèrent sert encore à la rendre plus intéressante. On ne peut se dissimuler que le simple projet d'un traité de commerce, traité qui présupposoit nécessairement l'indépendance des états de l'Amérique reconnus par l'Angleterre, puisqu'il ne pouvoit jamais avant cette époque sortir son effet, est une raison bien foible pour rompre avec un ancien ami et allié : pesée par une postérité équitable, elle ne paroîtra qu'un prétexte pour couvrir le mécontentement d'une nation rivale par son commerce, et d'un ministère accoutumé à se laisser entraîner à des mouvemens impétueux. Ces vérités pouvoient aussi peu échapper aux yeux éclairés de S. M. l'impératrice, qu'elles pouvoient manquer d'intéresser son cœur; aussi son premier mouvement fut de s'occuper à prévenir les maux dont la république étoit menacée, en lui procurant une prompte paix. Ce fut un nouveau malheur pour la Hollande, que l'Angleterre ne voulût point alors se prêter aux soins généreux de l'impératrice; et, si la république se vit par là frustrée des effets de cette bienveillance, tout ce qui est arrivé depuis ne doit pas moins servir à lui prouver que les intentions de S. M. Impériale en sa faveur l'engagent à une reconnoissance éternelle. Il est effectivement difficile d'imaginer un changement plus fatal que celui qu'a porté à la situation de cette république une guerre d'une aussi courte durée. A la perte d'un commerce immense, sa seule force, sa principale ressource, elle a vu joindre celle d'une pêche considérable, qui seule lui valoit une mine d'or. Ses colonies en Amérique ont été envahies, et on ignore même entre les mains de quelle puissance elles peuvent actuellement être passées. La plupart de ses possessions dans les grandes Indes, acquises et conservées avec tant de dépenses et tant de soins, sont perdues pour elle. Enfin, pour comble, elle se voit bloquée la plus grande partie de l'année dans ses propres ports, et ses vaisseaux empêchés d'y entrer ou d'en sortir. L'effet naturel de tous ces malheurs accumulés, a été d'entraîner la république dans la nécessité de se lier plus étroitement avec la France contre un ennemi commun, et à serrer des nœuds qui seuls peuvent faire sa ressource pendant la guerre, et doivent procurer sa sûreté à la paix. Elle s'est vu forcée de se jeter si entièrement dans les bras de cette puissance, que peu s'en faut qu'elle se trouve dans sa dépendance; et la démolition des places, appelées de *Barrière*, a achevé un système que la nécessité de la guerre avoit commencé. Ainsi, par une suite de circonstances fâcheuses, la république se trouve à présent presque hors d'état de pouvoir accepter les bienfaits que S. M. Impériale n'a cessé de lui offrir, et dont son ennemi l'a empêchée de profiter dans le tems où elle le pouvoit encore. En supposant cependant qu'il fût possible de vaincre les obstacles qui s'opposent maintenant à une paix séparée entre l'Angleterre et la Hollande, il deviendroit alors du ressort de l'impératrice, comme médiatrice entre les deux puissances, de peser sur la balance de son équité naturelle, si la république doit faire la paix sans être replacée à peu près dans le même état où elle étoit avant la guerre, sans avoir été remise en possession de ses colonies et de ses comptoirs dans les deux Indes, et sans avoir reçu quelque dédommagement des pertes immenses que la cessation seule de son commerce lui a causées. L'Angleterre, il est vrai, propose le rétablissement du traité de 1674; elle offre même de reconnoître vis-à-vis de la république les principes adoptés par les puissances du Nord, et ce dernier offre sans doute un préjugé favorable à l'égard de ces puissances; mais il n'est pas encore avoué généralement, et de plus, s'il l'étoit, cela suffit-il pour les Hollandais?

C'est un point sur lequel le roi suspend entièrement son opinion. Il n'est point chargé de leur cause, et il ne s'agit point ici de la plaider. Tout ce que S. M. veut en induire, c'est que la guerre particulière entre l'Angleterre et la Hollande sera sans comparaison plus difficile à amener à présent, qu'elle ne l'étoit d'abord après la rupture, c'est-à-dire, dans le tems où l'impératrice fit ses premières offres de médiation.

Le roi aperçoit avec chagrin les obstacles qui s'opposent au dessein glorieux que l'amour de l'humanité et de la bienfaisance inspira à cette princesse; et une juste reconnoissance pour la confiance qu'elle lui a témoignée, l'oblige, autant que son amitié, de présenter à S. M. Impériale ces obstacles dans le même jour où il les voit lui-même : mais en même tems S. M. trouve avec d'autant plus de plaisir, dans les sentimens connus et les bons offices déjà offerts par l'impératrice pour la pacification générale, ainsi que dans l'association des puissances du Nord, un moyen de parvenir entièrement, dans les circonstances présentes, au but plein de gloire que S. M. Impériale et ses alliés se sont proposé; et, par l'une et l'autre de ces démarches, le roi éprouve une véritable satisfaction de dévoiler ses sentimens sur ces objets à S. M. l'impératrice, avec la confiance que lui inspirent également ses grandes lumières et son amitié parfaite, si précieuse pour Sa Majesté.

Il est évident que, depuis le changement effectué, le printems passé, dans le ministère anglais, les affaires s'acheminent à grands pas vers une pacification générale. La France et l'Angleterre, également fatiguées toutes deux d'une guerre coûteuse, se voyoient arrêtées par la circonstance de l'indépendance de l'Amérique; objet que la première doit exiger, et que le ministère qui gouvernoit la seconde s'opiniâtroit à refuser : mais cet obstacle principal paroissant être levé par les sentimens qu'a annoncés le ministère suivant, et que celui d'aujourd'hui semble également avoir adoptés, on a bientôt vu une négociation directe s'ouvrir à Paris. Il est vrai que les frais déjà faits de la campagne présente, le désir d'en voir l'issue, et les intérêts des alliés de la France, surtout de l'Espagne. arrêteront probablement pour le moment le prompt effet de cette négociation : mais, la campagne finie, il est très fort à présumer que les affaires pourront bientôt s'arranger, d'autant plus que l'expédition que l'Espagne va entreprendre contre Gibraltar doit vers ce tems avoir réussi ou manqué.

Dans cet état des choses, il paroît moins à craindre que les puissances belligérantes se refusent à une pacification, qu'il n'est à redouter qu'elles ne terminent d'elles-mêmes, et sans l'intervention de qui que ce soit, leurs différens. Il est clair combien une paix pareille peut devenir préjudiciable à la cause des neutres; cause que S. M. Impériale, conjointement avec le roi et ses autres alliés, a soutenue avec tant de gloire, et jusqu'ici avec tant de succès. On ne peut pas se dissimuler que l'Angleterre n'a jamais approuvé cordialement les principes adoptés dans la convention de la neutralité armée; et, si la maison de Bourbon y a paru moins contraire, cet objet lui est cependant trop étranger pour, qu'on puisse attendre qu'elle s'en occupe essentiellement à une paix où elle aura tant d'intérêts à ménager qui la touchent infiniment plus près.

Il semble, par conséquent, que tout invite dans ce moment S. M. l'impératrice de Russie et ses alliés à couronner, par une démarche qu'on peut espérer qui sera décisive, les nobles et glorieux efforts qu'ils n'ont pas cessé de faire pour établir les droits des neutres sur une base solide et immuable. A cet effet, le roi expose aux vues éclairées de S. M. l'impératrice l'avis dont il est, que le seul moyen efficace pour parvenir à ce but seroit que S. M. Impériale, conjointement avec tous ses alliés qui ont pris part à la convention maritime, proposassent aux puissances belligérantes d'établir un congrès dans lequel on discuteroit et termineroit les différens intérêts, tant des puissances en guerre que des états neutres. L'Empereur des Romains ayant partagé jusqu'ici les soins que S. M. l'impératrice s'est donnée pour la pacification générale, et étant d'ailleurs lié aux intérêts des puissances maritimes, associées pour le maintien de la liberté du

commerce, par les engagemens que ce prince a pris à
cet égard avec l'impératrice, recevra certainement avec
joie la proposition que cette souveraine lui feroit de se
joindre dans une pareille démarche aux puissances du
Nord. Sa médiation déjà offerte, sa puissance et son
crédit auprès les différens états en guerre, ne peuvent
que donner un très-grand poids aux représentations
qu'il leur feroit, et accélérer la réussite des deux objets qu'on se propose par un congrès; savoir, la pacification et l'établissement d'un code maritime. A la
même fin, il laisse à décider à S. M. l'impératrice,
s'il ne seroit pas à propos qu'elle employât son crédit
auprès du roi de Prusse, pour engager ce prince d'é-
pouser, avec toute la chaleur que l'importance de la
chose exige, les intérêts de la cause commune.

Ce ne seroit qu'une suite des mêmes principes qui
lui ont fait désirer d'entrer dans l'association des puissances maritimes ; et ses grandes qualités personnelles,
ainsi que la considération qu'elles lui ont méritée,
rendront toujours les démarches qu'il fera efficace-
ment utiles au bien général. Il est facile de prévoir
quel effet une impulsion donnée en même tems et à
la fois, par les états les plus puissans de l'Europe,
ne pourra manquer de faire sur les puissances belligérantes. Cette impression sera d'autant plus forte,
que ces puissances sentiront bientôt que ce qu'on
leur propose n'est nullement contraire à leur intérêt,
et ne peut en aucune façon y nuire. Au contraire,
le congrès projetté semble devoir convenir à tout le
monde. Les plénipotentiaires des états en guerre se
trouvant tous rassemblés en un même lieu, y

discuteront et termineront avec plus de facilité les différens de leurs cours. Si quelque cour neutre étoit
reçue pour remplir l'office de médiateur entre quel-
ques-unes des puissances belligérantes, ou entre elles
en général, cette cour fera de son mieux pour remplir
sa tâche ; les autres veilleront à leur cause, et on
parviendra par ce moyen au double avantage , et
d'établir une paix solide, et de constater les loix maritimes avec le même éclat et la même sûreté que l'on
a fixé celles de l'empire germanique, par les traités
de Westphalie : et par là, on se trouvera enfin au
but que S. M. l'impératrice et ses alliés, dans la convention maritime, ont toujours eu en vue, et vers
lequel toutes leurs démarches ont constamment été
dirigées ; et on terminera l'ouvrage glorieux et utile
qui servira de matière à la reconnoissance des siècles
à venir.

Il est clair que, pour parvenir à une paix générale
et solide, dans les circonstances présentes, les plénipotentiaires des États-Unis de l'Amérique doivent être
appelés au congrès ; mais cet article ne peut causer
aucune difficulté, l'Angleterre ne devant plus avoir de
répugnance à traiter avec eux, après que les ministres
britanniques se sont déclarés hautement contre l'opi-
niàtreté de l'ancien ministère à vouloir réduire l'Amérique septentrionale, et que ceux qui sont à présent
en place déclarent qu'ils ne s'opposeront point à
reconnoître son indépendance.

Si le plan que le roi vient de proposer est adopté,
il ne restera qu'à déterminer les termes dans lesquels
les propositions à faire doivent être conçues ; et il

sera aisé d'en convenir et d'instruire en conséquence
les ministres résidens près des cours belligérantes.
Le roi pense qu'on ne sauroit donner trop de poids
à ces propositions; et qu'ainsi il sera essentiel qu'elles
soient faites en même tems à chacune de ces cours,
par les ministres de toutes les puissances qui coopé-
reront à cet ouvrage. Il sera encore facile de convenir du lieu à proposer pour la tenue du congrès:
Aix-la-Chapelle, Mayence, Francfort, ou quelque
autre ville Impériale libre, la plus à portée qu'il soit
possible pour tous ceux qui y auront à faire, remplira
également l'objet. Le roi attend avec intérêt les
sentimens de S. M. l'impératrice, sur le plan qu'il
vient de mettre sous ses yeux; mais quels qu'ils soient,
S. M. est persuadée que l'impératrice ne pourra qu'y
reconnoître sa tendre amitié, sa confiance parfaite,
son amour pour la gloire mutuelle, et sa fermeté in-
variable dans les principes qu'il se fait un honneur
d'avoir suivi constamment avec S. M. Impériale.

Fait à Drottningholm, ce 7 août 1782.

Note pour M. le baron d'Albendyhll, chargé des affaires de S. M. le roi de Suède.

L'impératrice a été très-sensible à la confiance et à la cordialité avec laquelle S. M. le roi de Suède, dans la note nouvellement remise par son chargé d'affaires, s'est expliquée vis-à-vis d'elle sur la présente situation de l'Europe. S. M. convaincue, comme elle est, qu'il n'y a rien à ajouter aux réflexions judicieuses et au choix des moyens proposés par le roi, relativement au grand but d'une pacification générale, et à l'affermissement du système de neutralité, si heureusement établi par leurs efforts réunis, peut assurer S. M. suédoise, qu'il n'en a rien échappé à son attention. Ce sera surtout un des objets de ses soins les plus importans, de maintenir de son côté cet ouvrage bienfaisant, à la conservation duquel tout le genre humain est intéressé. L'impératrice s'est occupée dès à présent, de concert avec S. M. l'empereur des Romains, son co-médiateur, et, par l'accession aux mêmes principes, le co-partageant de la tâche essentielle de protéger les droits des neutres, et elle n'omettra certainement rien, lors de la conclusion d'une paix générale entre toutes les puissances belligérantes, à concilier audit système une force et une durée permanente, et à le faire passer, par l'aveu et l'accession des mêmes puissances, en loi générale pour toutes les nations. Au reste, les sentimens zélés du roi en faveur des mêmes intérêts, son impartialité, sa pénétration, qui sont si bien connus à l'impératrice, ne permettent point à S. M. de douter qu'en tems et lieu S. M. suédoise ne veuille coopérer de son mieux pour l'avancement de cette cause commune, et pour en acheminer une issue bonne et heureuse.

Fait à St. Pétersbourg, ce 7 Septembre 1782.

F I N.